W0301227

Reinhard Eisele

Chiemgau aus der Luft

Chiemgau aus der Luft

Fotografie und Text

Reinhard Eisele

rosenheimer

Reinhard Eisele,
geboren 1953, Designer, Autor und bekannter Expeditions- und Reisefotograf, veröffentlicht seine Arbeiten in allen renommierten Zeitschriften und Magazinen. Zudem hat er sich als Bild- und Textautor vieler Bildbände – u.a. über Indien, Bali, die USA, die Schweiz, die Karibik, die Toskana und von Lehrbüchern der Fotografie – einen Namen gemacht. Seine Fotos werden von den wichtigsten internationalen Bildagenturen vertreten.
Die Luftaufnahmen über dem Chiemgau fotografierte Reinhard Eisele aus einer Cessna 182.

© 2002 Rosenheimer Verlagshaus GmbH & Co. KG, Rosenheim

Konzeption und Redaktion: Dr. Petra Altmann
Kartenskizze: Ingenieurbüro für Kartographie Heidi Schmalfuß, München
Layoutentwurf: Eisele Design + Media, Augsburg
Übersetzungen: Inlingua-Firmendienst, München
Satz und Layout: Engelbert Kaletka
Reproduktion: e+r Repro GmbH, Donauwörth
Druck und Bindung: Stige S.p.A., San Mauro Torinese
Einbandvorderseite: Fraueninsel

Printed in Italy

ISBN 3-475-53285-9

Inhalt

Rund um den Chiemsee

Als sich vor etwa 120 Millionen Jahren die Alpen auffalteten und die bis dorthin vorherrschende Meereslandschaft verdrängten, entstand eine von subtropischer Vegetation bestimmte Landschaft.
Vor etwa einer Million Jahren folgte die Kälte, die Eiszeiten prägten fortan die Region. Vor 15 000 Jahren schmolzen die Gletscher, ließen Gebirgsflüsse wie Inn und Salzach entstehen, und Wald- und Graslandschaften überwucherten die von den Gletschern geschaffenen Moränenhügel. Die Gletscher verloren an ihren Rändern große Eisbrocken, die, unter Mengen von Schutt begraben, für längere Zeit gefroren blieben. Als sie später schmolzen, hinterließen sie tiefe Löcher, in denen sich das Wasser sammeln konnte: die Chiemgauer Seenlandschaft war geboren.
Der Eiszeit haben wir also das landschaftliche Kleinod zwischen Rosenheim im Westen, Traunstein im Osten, Wasserburg im Norden und der Alpenkette im Süden zu verdanken. Die Kraft von Wasser und Eis schuf nicht nur den in aller Welt bekannten Chiemsee, sondern ließ auch die vielen kleinen Waldseen der Seeoner Seeplatte, der Eggstätter und Hemhofer Seen entstehen. Weite Teile der Chiemgauer Landschaft, auch die besonders gefährdeten Moore sowie das gesamte Chiemseeufer, sind heute als Landschaftsschutzgebiet ausgewiesen. Aus dem Chiemsee wurde ein Paradies für Segler und Wassersportler, es gibt wohl keinen Ort entlang des 70 Kilometer langen Uferstreifens, der nicht über Bootshäfen oder Badestrände verfügt.

Zentrum der Segler und Sommerfrischler: Prien am Chiemsee. In der Mitte die Barockkirche Mariä Himmelfahrt (rechts).

The center for yachtsman and summer vacationers: Prien on Chiemsee. In the town square the baroque church »The Assumption of the Virgin Mary« (right).

Le rendez-vous des yachtmen et des estivants: Prien am Chiemsee. Au centre, l'église baroque Mariä Himmelfahrt (à droite).

Prien am Chiemsee, centro d'attrazione per velisti e villeggianti. In centro, la chiesa barocca dell'Assunta (a destra).

ヨット愛好家とリゾート客で賑わうキーム湖畔プリーン。中心にあるのは、バロック様式 の聖母被昇天教会(右)。

KRONPRINZ

Bootsstege am Ufer des »Bayerischen Meers« – in Prien.

Boat Dock on the bank of the »Bavarian Sea« – in Prien.

Embarcadère sur les rives de la »Mer Bavaroise«, à Prien.

Imbarcaderi a Prien sulla riva del »mare bavarese«.

「バイエルンの海」岸辺の船着場。プリーンにて。

Obwohl der Ortskern von Breitbrunn nicht direkt am Wasser liegt, verfügt die Gemeinde über einen der längsten Uferbereiche.

Although the main part of Breitbrunn does not lie directly on the water, the community has access to one of the longest shore areas.

Bien que le centre de Breitbrunn ne se trouve pas directement au bord du lac, la commune dispose de l'une des rives les plus longues.

Sebbene il centro di Breitbrunn non si affacci direttamente sul lago, la località dispone di una delle riviere più lunghe.

市街地が湖に臨んでいるわけではないが、
最も長い湖岸の一つがブライトブルンに属している。

Der Lage am »Gestade« des Chiemsees verdankt der Ort Gstadt seinen bildhaften Namen.

The area »Gestade« at Chiemsee has the town Gstadt to thank for its picturesque name.

La ville de Gstadt doit son nom métaphorique à sa situation géographique: »am Gestade«, »sur le rivage« du lac Chiemsee.

La località di Gstadt deve il suo nome immaginoso alla posizione sulla riva (in tedesco: »Gestade«) del Chiemsee.

グシュタット（Gstadt）という地名は、キーム湖の“なぎさ（Gestade）”に位置することに因んむ画趣に富んだ名前である。

Folgende Seite: Die Tiroler Ache mündet in einem breiten Delta zwischen Grabenstädt und Feldwies in den Chiemsee.

Following page: The Tyrol Ache flowing in a wide delta between Grabenstädt and Feldwies into the Chiemsee.

Page suivante: La Tiroler Ache débouche dans le Chiemsee au milieu d'un large delta situé entre Grabenstädt et Feldwies.

Pagina seguente: Il Tiroler Ache sfocia nel Chiemsee con un ampio delta tra Grabenstädt e Feldwies.

次頁：チロル・アッヘ川は、グラーベンシュテットとフェルトヴィースに挟まれた三角州を通ってキーム湖に注ぐ。

Himmel über mir. Ich sehe die stille Insel, von der die feierlichen Glockenklänge herüberklingen, ich höre den Kahn auf feinem Kiese knirschen, springe heraus und steh' wieder unter den alten Linden, von wo aus der Blick über die blaue Flut hinüber nach den Chiemgauer und Salzburger Bergen schweift.« Ludwig Thoma, der berühmte bayerische Schriftsteller, gedachte in seinen Erinnerungen so schwärmerisch der Jahre, die er in Prien zubrachte. Seine Mutter betrieb das einstige »Hotel Kampenwand«, und dort dürfte sich auch ein Großteil der Erzählungen abgespielt haben, die als »Lausbubengeschichten« in die Literatur eingingen.

Die Geschichte von Prien allerdings und das Volksleben vergangener Zeiten sind am besten im Heimatmuseum zu erfahren. In dem 150 Jahre alten Bauernhaus findet man nicht nur original erhaltene Bauernstuben und handwerkliche Gerätschaften, sondern auch die Priener Trachten mit dem berühmten Priener Hut, das Fragment eines 400 Jahre alten Einbaums und eine Dokumentation über die für die Bevölkerung früherer Jahre sehr bedeutsame Chiemseefischerei. Beim Herumstöbern in den Stuben mit den schönen Ausstellungsstücken und den Werken berühmter Chiemseemaler kann man leicht nachempfinden, warum der Ort schon in früherer Zeit von einer Art Weltoffenheit geprägt war, die auch heute noch spürbar ist.

Prien, die größte Gemeinde am Chiemsee, gewann an Bedeutung, als 1860 die Bahnlinie München-Salzburg eröffnet wurde und damit allmählich der Fremdenverkehr einsetzte. Bereits 1845 startete die Chiemsee-Dampfschiffahrt von Prien mit einer abenteuerlichen Konstruktion eines Grassauer Zimmermanns, von den Einheimischen spöttisch »Bügelstahl« genannt. Doch schon ein Jahr später folgte der erste Raddampfer der Münchner Kupferschmiede Josef Feßler, dessen Nachkommen mit der Reederei Ludwig Feßler auch heute noch die Flotte der Linien- und Ausflugsboote betreiben.

Ein anderes historisches Überbleibsel ist die 1887 eröffnete Chiemseebahn. Der Bau dieser Bahn hängt mit der Baulust König Ludwigs II. zusammen. Als kurz nach dessen Tod das Schloß auf der Herreninsel zur Besichtigung freigegeben wurde, stieg die Zahl der Besucher, die die Gemächer des bayerischen Märchenkönigs in Augenschein nehmen wollten, derart an, daß ein neues Verkehrsmittel für den Ansturm gebaut werden mußte: die Dampfstraßenbahn. Damals wie heute befördert die gleiche Lok mit ihren dunkelgrünen Waggons als »Chiemsee-Bockerl« oder als »Feuriger Elias« die Besucher zwischen dem Priener Bahnhof und dem Hafen in Prien-Stock hin und her. Bereits im Jahr der Eröffnung benutzten 71 000 Personen das neue Transportmittel, heute sind es immerhin noch 120 000 Touristen, die sich in dem museumsreifen Verkehrsmittel mit aufregenden 15 Stundenkilometern befördern lassen. Allerdings nicht mehr, um die Distanz zwischen Bahnhof und Anlegesteg zu überwinden, sondern aus reiner Nostalgie.

Ein nostalgisches Vergnügen: die Fahrt mit dem Traditionsboot der Chiemseeschiffahrt, dem Schaufelraddampfer »Ludwig Feßler« aus dem Jahr 1926.

A nostalgic pleasure: the ride with the traditional ship of the Chiemsee, the steam ship »Ludwig Feßler« built in 1926.

Un plaisir nostalgique: la croisière avec l'embarcation traditionnelle de la Chiemseeschiffahrt: le »Ludwig Feßler«, un bateau à roue construit en 1926.

Un piacere per nostalgici: la gita sul battello tradizionale per le traversate del Chiemsee, il vaporetto a ruota »Ludwig Feßler«, risalente all'anno 1926.

1926 年築の由緒ある外輪船「ルートヴィヒ・フェスラー」号で周遊するのも、キーム湖ならではのノスタルジックな楽しみ。

Bootsstege in Felden, einem Ortsteil von Bernau.

The docks in Felden, a part of Bernau.

Embarcadère de Felden, un quartier de Bernau.

Imbarcaderi a Felden, frazione di Bernau.

ベルナウにあるフェルデンの船着場。

Chiemgaulandschaft im frühen Abendlicht.
The countryside in Chiemgau in the early evening light.
Paysage du Chiemgau à la nuit tombante.
Paesaggio del Chiemgau al crepuscolo.
夕日に映えるキームガウ。

Der Chiemseerundweg

Die schönste Art, die Uferzonen und die Orte des Chiemsees zu erkunden, ist die Tour rund um den See auf dem Chiemseerundwanderweg. 64 Kilometer ist er lang, und für die Wanderung zu Fuß kann man mit einer reinen Gehzeit von 13 Stunden rechnen. Allerdings läßt sich die Route jederzeit abkürzen oder auch beenden, denn die Anlegestationen der Chiemseeschiffahrt sind in Prien/Stock, Felden, Feldwies, Chieming, Seebruck, Gstadt und Schafwaschen.

Leichter fällt die Chiemseeumrundung da schon mit dem Fahrrad. Mit zahlreichen Bade-, Café- und Biergartenpausen wird es eine erlebnisreiche Tagestour. Allerdings nicht unbedingt am Wochenende. Tausende von Sonntagsausflüglern wandeln dann auf den schönen Promenaden, und für die Radler wird die Rundtour zur »Tortour«. An ein »Umschiffen« der am meisten begangenen Wegstrecken mittels Chiemseeschiffahrt ist an diesen Tagen auch nicht zu denken. Die Boote lassen Radler damit nicht an Bord, denn man hätte damit auch die Möglichkeit, auf der Fraueninsel mitsamt dem Radl an Land zu gehen. Aber dort ist für Radler keinerlei Platz, die Insel ist schon durch Fußgänger heillos überfüllt.

Urschalling

Wenige Kilometer südlich von Prien befindet sich ein Pilgerziel vieler Kunstfreunde: die kleine romanische Landkirche St. Jakobus in Urschalling. In dieser von außen völlig unscheinbar wirkenden Kirche befinden sich romanische Fresken aus dem 12. Jahrhundert und eine der besterhaltenen gotischen Freskenzyklen des 14. Jahrhunderts. Über 20 Jahre dauerte der Kampf der Restauratoren gegen Feuchtigkeit, Algenpest und sonstige, dieses einmalige Kunstwerk zerfressende Einflüsse. Heute kann man den in seiner Geschlossenheit einzigartigen Freskenzyklus in aller Ruhe betrachten, und vielleicht fällt dem interessierten Beobachter auch eine ikonografische Besonderheit dieser Malerei auf: In der Darstellung der hl. Dreifaltigkeit im Kreuzgratgewölbe des Chorjochs erscheint der Heilige Geist in Gestalt einer Frau. Vielleicht ein frühes Beispiel der Quotenregelung?

Gstadt, Gollenshausen

Der bildhafte Namen der Gemeinde Gstadt entstand durch seine Lage an den Gestaden des Sees. Die Siedlung, die einst zum Besitz der Abtei Frauenchiemsee gehörte, hat sich inzwischen zu einer Art Nobelgemeinde des Chiemsees entwickelt. Besonders in der Sommerzeit ist der Ort aber in erster Linie von Touristen aus aller Herren Länder besucht, denn Gstadt ist neben Prien der Ausgangshafen für den Besuch der Chiemseeinseln, insbesondere für Frauenchiemsee. Von dort erreicht man dieses Eiland nämlich am schnellsten.

Gollenshausen, zwischen Gstadt und Seebruck gelegen, wurde erstmals bereits 924 urkundlich erwähnt und gehörte einst zum Besitz des Klosters Seeon und des Erzbistums Salzburg. Die Besitztümer

Die Autobahn München – Salzburg führt direkt entlang des Chiemseeufers.

The highway Munich – Salzburg directly parallels the shores of the Chiemsee.

L'autoroute Munich – Salzbourg longe directement les rives du Chiemsee.

L'autostrada Salisburgo – Monaco costeggia le rive del Chiemsee.

キーム湖の湖畔沿いをミュンヘンとザルツブルクを結ぶアウトバーンが走っている。

haben gewechselt, und heute sind es vorrangig wohlhabende Industrielle und Kaufleute, die die Villen mit dem prächtigen Blick über See und Frauenchiemsee ihr eigen nennen. Stiller ist es allemal in Gollenshausen als in Gstadt oder Prien, denn von dem lärmenden Getriebe, das die Chiemsee-Schiffahrt mit sich bringt, ist hier nichts zu spüren.

Die ersten Touristen, die Gstadt besuchten, kamen von München mit der Postkutsche und mußten den Weg von der Poststation Weisham an der Straße Rosenheim-Seebruck noch zu Fuß hinter sich bringen. Zu den Sommerfrischlern, meist Künstler auf dem Weg zur Malerkolonie auf Frauenchiemsee, gehörte auch der Expressionist Max Beckmann, der in Gstadt im Sommer 1934 sein einziges Chiemsee-Gemälde »Sommertag am Chiemsee« schuf. Das Bild, das die Bauern beim Heumachen darstellt, vermittelt Ruhe und Harmonie der Chiemgauer Lebensart, läßt aber auch die Angst und Existenzbedrohung des Künstlers spüren. Wenige Monate zuvor hatte man ihm seine Professur entzogen und sein Werk der »Entarteten Kunst« zugeordnet.

Seebruck

Die weitläufige Bucht im Norden des Sees wird von Seebruck beherrscht. Die verkehrstechnisch günstige Lage der Stadt hat sich schon in frühester Vergangenheit gezeigt. Um 40 n. Chr. entstand während der Amtszeit von Kaiser Claudius I. der Ort namens »Bedaium« an der Brücke, über die die Fernverbindungsstraße Augusta Vindelicorum (Augsburg) - Juvavum (Salzburg) die Alz überquerte. Der Name des neuen Ortes stammte übrigens vom Fluß- und Wassergott Bedaius, der in jener Zeit von den keltischen Chiemgauern verehrt wurde. Von Süden kam eine Straße über den Paß Thurn und führte über Töging nach Regensburg und Passau. Aber auch auf dem Chiemsee gab es zu dieser Zeit bereits regen Verkehr, wie die in den letzten Jahren ausgegrabene Hafenanlage beweist. Am Ende des 3. und 4. Jahrhun-

derts sicherte an der Stelle der heutigen Kirche ein Kastell den Alzübergang. Als im Jahr 357 die Siedlung von den germanischen Juthungen dem Boden gleichgemacht wurde, war das Militär für immer verschwunden. Unter den unaufhörlichen Angriffen der Germanen von Norden her brach schließlich das Römerreich zusammen. Ab Mitte des 5. Jahrhunderts zog sich das offizielle Rom mit all seinen Beamten und Soldaten nach Süden über die Alpen zurück.

Verkehrstechnisch hat Seebruck heute an Bedeutung verloren. Diesen Part über-

Wassersport im gleißenden Licht der Nachmittagssonne. Unter Seglern gilt der Chiemsee als eines der schönsten Binnenreviere Europas.

Watersports in the glistening rays of the afternoon sun. Yachtsmen regard Chiemsee as one of the most beautiful inland waterways of Europe.

Sport nautique dans la lumière vive de l'après-midi. Pour les yachtmen, le Chiemsee est l'un des cantons intérieurs les plus beaux d'Europe.

Sport nautici nell'abbagliante sole di mezzogiorno. I velisti considerano il Chiemsee uno dei più bei bacini interni d'Europa.

昼下りの日射しのもとで楽しむ水上ポーツ。ヨット愛好家の間では、キーム湖は欧州で最も美しい内海とされる。

Blick auf Yachthafen und Uferpromenade von Gstadt, das oft als der »Malerwinkel« des Chiemsees bezeichnet wird.

A view of the yacht harbor and promenade along the shore of Gstadt which is often called the »Artists' Corner« of the Chiemsee.

Vue du port de plaisance et de la promenade lacustre de la ville de Gstadt souvent considérée comme le »rendez-vous des peintres« du Chiemsee.

Panorama sul porticciolo turistico e sul lungolago di Gstadt, spesso indicato come »angolo pittoresco« del Chiemsee.

キーム湖の「ベストアングル」として呼び名の高いグシュタットのヨットハーバーと 湖畔遊歩道。

Linke Seite: Im Wechselspiel von Seen, Hügeln und Bergen: Breitbrunn.

Left side: In the interplay of lakes, hills, and mountains: Breitbrunn.

Page de gauche: Au gré des lacs, des collines et des montagnes: Breitbrunn.

Pagina sinistra: Breitbrunn, immersa in un paesaggio ricco di laghi, colline e montagne.

右の頁：

湖、丘陵、山々が織りなす美しい風景。ブライトブルン。

Eingebettet zwischen den Bergen und dem Chiemsee liegt der Luftkurort Übersee.

Tucked away between the mountains and the Chiemsee is the spa resort Übersee.

Lotie entre les montagnes et le Chiemsee: la ville de cure d'Übersee.

La stazione climatica di Übersee, incastonata tra le montagne e il Chiemsee.

山々とキーム湖の間に位置するユーバーゼーは、空気の新鮮な保養地。

Schloß Amerang, erbaut 1570, mit seinem berühmten Arkadenhof.

Castle Amerang, built in 1570, with its famous Arcade court.

Le château Amerang bâti en 1570, avec sa célèbre cour aux arcades.

Il castello di Amerang, la cui costruzione risale al 1570, col suo famoso cortile a porticato.

1570 年築のアメランク城は、中庭の列柱回廊で有名。

nahm die Autobahn München-Salzburg. Aber dafür wurde aus Seebruck einer der größten Yachthäfen in Bayern. 500 Wasser- und Trockenliegeplätze stehen zur Verfügung, ein riesiges Freibadegelände lockt die Badegäste an das Seeufer, und aus dem einstigen Stützpunkt des Römischen Reiches wurde ein staatlich anerkannter Luftkurort.
Wer in Seebruck am Ufer steht und nach Süden schaut, dem öffnet sich die gesamte Weite des »Bayerischen Meeres«. An klaren Tagen spiegelt sich, dies ist aus der Luft besonders gut zu sehen, die ganze Alpenkette im See – von den Berchtesgadener Alpen bis hin zum Wendelstein.

Seebruck, heute ein wichtiger Yachthafen am Chiemsee, wurde bereits 50 n. Chr. erstmalig erwähnt.

Seebruck, today one of the most important Yacht harbors on the Chiemsee, was first mentioned in 50 AD.

La commune de Seebruck, qui est aujourd'hui un port de plaisance important du Chiemsee, a été évoquée pour la première fois dès l'an 50 après J.C.

Seebruck, oggi uno dei più importanti porticcioli turistici del Chiemsee, citato per la prima volta già nel 50 d.C.

キーム湖畔のヨットハーバー、ゼーブルック。
この地名は、古く AC 50 年には歴史書に 言及されている。

Chieming

Chieming, am Ostufer des Sees gelegen, ist – wie alle Orte mit direktem Seezugang – eine Hochburg der Urlauber und Feriengäste. Aber aufgrund seines Namen verdient es doch mehr als nur eine knappe Erwähnung. Immerhin ist es namengebend nicht nur für den See, sondern für den gesamten Chiemgau.
Ein Hofeigner namens Chiemmi tat sich – durch welche Leistung auch immer – hervor und wurde von Karl dem Großen im 8. Jahrhundert zum Gaugrafen ernannt. Noch im selben Jahrhundert taucht als Bezeichnung für diesen Gau der Name Chimingaoe und für den See Chiminsaeo auf. Die Siedlung, in der Chiemmi lebte, erhielt den Namen Chiemingen. Auch hier waren die Bajuwaren nicht die ersten, die diese Region besiedelten. Lange Zeit vor ihnen lebten Kelten und Römer am Ostufer des Sees, allerdings in weit geringerer Zahl als im benachbarten Seebruck. In Chieming schienen jedoch auch die Römer bereits dem Reiz erlegen zu sein, eine Villa am Chiemsee zu besitzen. Auf dem leichten Höhenrücken zwischen Strandbad und Unterwirtsgarten wurden bereits im vorigen Jahrhundert Reste solcher Bauten gefunden. Auch andere »Villengegenden« wurden entdeckt, in Eglsee, Pfaffing, Ising und Wimpersing.

Das südliche Chiemseeufer

Ist das West-, Nord- und Ostufer des Chiemsee geprägt von heiterer Ferienstimmung, schlägt einem an der Südseite die ganze Kraft neuzeitlicher Straßenführung entgegen. Eine Landschaft, die bestimmt ist von Mooren und empfindlichen Filzen, wie man die Hochmoore hier nennt, wird durchschnitten von der vielbefahrenen Autobahn München-Salzburg. Der Ort Feldwies, von den Einheimischen »die Feldwies« genannt, wird regelrecht durch-

Camping direkt am Wasser bei Seehäusl/Chieming.

Camping directly on the water at Seehäusl/ Chieming.

Camping situé directement sur le rivage à Seehäusl/Chieming.

Camping a due passi dal lago a Seehäusl/Chieming.

水辺でのキャンプ。キーミンクのゼーホイスルにて。

trennt. Die zugehörige Halbinsel ist nur durch Unterführungen erreichbar. Auch die Feldwies, einst eine Siedlung der Fischer, Bootsmacher und Handwerker, war einer der Künstlerorte des Chiemsees. Der Münchner Akademieprofessor Julius Exter (1863–1939) lebte und arbeitete dort. Sein Atelier ist heute zu besichtigen.

Das Achendelta

Ein eindrucksvolles Naturschauspiel am Ufer der Feldwies aber bleibt der Öffentlichkeit vorenthalten: das Achendelta. Welche Kräfte der Natur sich hier abspielen, läßt sich nur vom Flugzeug aus beobachten. Die Tiroler Ache, die am Paß Thurn bei Kitzbühel entspringt, verläuft bis zu ihrer Mündung in den Chiemsee über eine Strecke von 73 Kilometern mit einem Gefälle von 520 Höhenmetern. Das Geschiebe, das der Fluß über diese Strecke mit sich nimmt, lagert sich als Kies, Schlamm und Sand im Achendelta ab. Über 170 000 Kubikmeter Geschiebe und knapp 90 000 Kubikmeter Schwebestoffe werden jährlich auf diese Weise transportiert. Bildlich gesehen wären dies 90 Ladungen von Dreiachs-Lastwagen pro Tag. Wenn man sich vor Augen führt, daß der Ort Grabenstätt noch zu Beginn des letzten Jahrhunderts direkt am See gelegen hat, werden einem die Ausmaße dieser Landverschiebung deutlich. Beruhigend nur, daß für das endgültige Verlanden des Chiemsees das Jahr 10 000 prognostiziert wird. Aus den Sümpfen, Mooren und Auwäldern des Achendeltas wurde ein Vogelparadies. Schwarzhalstaucher, Schilfrohrsänger, Flußläufer, Wachtelkönige und zahlreiche andere gefährdete Vogelarten brüten hier, ungestört von Beobachtern oder Touristen, denn das gesamte Mündungsgebiet wurde 1987 durch eine Naturschutzverordnung zur Kernzone erklärt und darf somit zu keiner Jahreszeit betreten werden.

Die Moorgebiete und Filze

Neben den Seen des Chiemgau hat die Eiszeit noch eine andere Art von Naturschönheit geschaffen: die Moore und Filze. Zwischen den Bergen und Bernau erstreckt sich eines der ausgedehntesten, größtenteils unter Naturschutz stehenden Moorgebiete. Mehlprimeln, Trollblumen, Lungenenzian, Knabenkraut und eine große Anzahl Orchideen sind dort heimisch. Eine Wanderung durch diese »Filz« genannte Hochmoorebene hat einen gänzlich anderen Charakter als ein Fußmarsch entlang des Chiemseeufers oder in den Chiemgauer Alpen. Stille und eine etwas traurige Farbigkeit sind hier vorherrschend, ganz anders als in den fröhlichen Baderegionen am See.

Eine der intaktesten Hochmoorflächen, die »Kendlmühlfilze« zwischen Grassau und Westerbuchberg, wäre vor Jahren beinahe der Industrie zum Opfer gefallen. Naturschützer verhinderten in letzter Minute den Verkauf durch den Bayerischen Staat und retteten somit eine der letzten Urlandschaften in Bayern. Der einstige Torfbahnhof wurde restauriert und zu einem Torfmuseum umgebaut. So blieb sogar noch ein Industriedenkmal erhalten.

Die Inseln

Hätte der Chiemsee nicht seine Inseln, wäre wohl die Bekanntheit des bayerischen Sees nicht so hoch wie die des Boden-, Starnberger oder Tegernsees. Zweifelsohne, seine Lage am Fuße der Alpen ist sicherlich einzigartig, und kein anderer See verfügt über solche Voraussetzungen, um ein ähnlich gutes Seglerparadies zu werden.

Aber der Grund, warum Hunderttausende von Besuchern aus aller Welt jährlich an die Gestade des »Bayerischen Meeres« ziehen, sind nun einmal vor allem die beiden Inseln Herrenchiemsee und Frauenchiemsee. Insbesondere erstere, die Insel mit dem »Märchenschloß«, hat es den meisten Besuchern angetan.

Beinahe wäre es allerdings ganz anders gekommen. Im Jahr 1803 wurde im Zuge der Säkularisation die Aufhebung des Chorherrenstiftes Herrenchiemsee verfügt. Das Kloster, das in seiner Urform seit dem Jahr 630 auf der Insel existierte, wurde am 14. November 1803 öffentlich versteigert. Die Zeit aufgeregter Spekulationen begann. Über siebzig Jahre lang wurden Land und Gebäude zwischen Grafen, Spekulanten, Rittmeistern und Holzhändlern hin- und hergehandelt, die Klostertürme abgerissen, das Langhaus zur Brauerei umfunktioniert und die Inneneinrichtung des barocken Inseldoms veräußert.

Als schließlich eine Gruppe württembergischer Holzhändler die Insel erwarb, um den gesamten Waldbestand zu »versilbern«, formierte sich unter der Chiemgauer Bevölkerung eine Art Bürgerbewegung. Ihre Petition an das Bayerische Königs-

Herrenchiemsee, ein Glanzpunkt des Chiemgau, zieht jährlich Tausende von Besuchern an. Seine Besonderheiten sind die einmalige Lage auf einer Insel mitten im Chiemsee, sein Schloßpark und natürlich der weltberühmte Spiegelsaal.

Herrenchiemsee, a shining star of Chiemgau, attracts thousands of visitors each year. Its specialties are a unique location on an island in the middle of the Chiemsee, its castle grounds and of course its world famous glass hall.

Herrenchiemsee, un des joyaux du Chiemgau, attire chaque année des milliers de visiteurs. Sa situation extraordinaire (sur une île, au milieu du Chiemsee), le parc de son château et bien sûr sa salle des glaces connue dans le monde entier lui confèrent un caractère exceptionnel.

Herrenchiemsee, perla del Chiemgau, attira migliaia di visitatori ogni anno. Le sue attrattive sono la straordinaria posizione su un'isola nel mezzo del Chiemsee, il parco del castello e naturalmente la sua famosissima Galleria degli specchi.

ヘレンキームゼー城はキームガウのハイライトともいうべき名所で、毎年数多くの観光客 が訪れる。キーム湖の中島に建てられているのがその特色である。城公園や世界的に 有名な鏡の間も見逃せない。

Vorhergehende Seite:
Gesamtüberblick über die Schloß-anlage von Herrenchiemsee.

Last page:
Entire view of the castle grounds of Herrenchiemsee.

Page précédente :
Vue globale du château de Herrenchiemsee.

Pagina precedente:
Panorama sul castello di Herrenchiemsee.

前の頁：
ヘレンキームゼー城の全景。

Herreninsel, Krautinsel und Fraueninsel bilden die Gemeinde Chiemsee.

The Herren Island, the Kraut Island and the Frauen Island form the municipality Chiemsee.

Herreninsel, Krautinsel et Fraueninsel forment la commune de Chiemsee.

Le isole Herrensinsel, Krautinsel e Fraueninsel formano il comune di Chiemsee.

ヘレンインゼル(男島)、クラウトインゼル、フラウエンインゼル(女島)　ー　キーム湖に浮かぶ島々。

Die Fraueninsel mutet an wie eine Idylle aus vergangenen Zeiten.
The Frauen Island has all the grace of an idyll from the past.
La Fraueninsel ressemble à une idylle des temps révolus.
La Fraueninsel risveglia l'impressione di un idillio di tempi passati.
フラウエンインゼル（女島）は、
旧き良き時代のままに牧歌的なたたずまいを見せる。

haus hatte Erfolg: Am 26. September 1873 erwarb König Ludwig II. die Insel Herrenchiemsee für 350 000 Gulden. Fünf Jahre später wurde mit den Bauarbeiten an dem Neuen Schloß begonnen.

Bayerns Märchenkönig und sein Schloß

Steigt man in Prien oder Gstadt in eines der Fährboote, die die Besucher auf die Insel hinüberfahren, kann man schnell nachvollziehen, woher die Faszination kommt, die der See nicht nur auf König Ludwig ausübte. Tiefblau sollte der Himmel allerdings schon sein, unterbrochen nur von wenigen weißen Schäfchenwolken; ein bayerischer Himmel also, so wie man ihn von den Prospekten der Chiemsee-Werbung kennt. Die Luft ist klar, und die Berge geben mit ihrer alpinen Größe den richtigen Rahmen für ein Bild, in dem man selbst gerade zum Motiv wird. Einige der Menschen, die zu den Inseln fahren, nehmen vor lauter Aufregung die Weite des Sees gar nicht wahr, erkennen nicht die majestätische Ausstrahlung der Berge und nehmen die saubere Luft einfach als gegeben hin. In Erwartung des Märchenschlosses bleibt so manches Erlebnis auf der Strecke. Auch der Weg vom Landungssteg zum Schloß scheint für viele zu mühsam zu sein, sind es doch immerhin 15 Gehminuten durch den geretteten Wald. So läßt man sich also im Pferdewagen kutschieren und reiht sich ein in die Masse der Besucher, die Schloß Herrenchiemsee besonders in der Sommerzeit erstürmen. 600 000 waren es im letzten Jahr, und die Tendenz ist eher steigend.
Das Schloß, angehäuft mit kostbaren Möbeln, Wänden aus Spiegeln und Blattgold und einem an Prunk nicht zu überbietenden Treppenhaus, bleibt trotzdem ein unbelebter Bau. Zu sehr spürt man, daß er nicht dafür erbaut wurde, um hier im großen Stil zu leben, um hochrangige Empfänge zu veranstalten oder staatsmännisch zu repräsentieren. Ludwig II. wohnte gerade mal eine Woche in seinem Traumschloß. Es war einzig die fixe Idee eines reichen Sonderlings königlichen Geblüts, an dieser Stelle die Kopie seines Ideals, das Schloß in Versailles des Königs Ludwig XIV., nachzubauen. Die wenigen Besuche, die König Ludwig II. während der Bauzeit absolvierte, verursachten immer großen Wirbel am Chiemsee. Nachts fuhr er von München im Zug ab, in Prien hatte man ihm eine eigene Haltestelle gebaut, von dort bis zum Landesteg eine eigene Straße angelegt, und im Schein der Fackeln ruderte man den jungen Illusionisten schließlich über den See. Illusionen waren die Welt des letzten bayerischen Königs. Hunderte von Bäumen und Pflanzen wurden auf die Insel gebracht, die in kürzester Zeit die Baustelle in einen verwunschenen Märchenpark verwandeln sollten. 1885 aber wurden die Arbeiten überraschend eingestellt. Das Geld ging aus. Die rege Bautätigkeit des Märchenkönigs in Neuschwanstein, Linderhof und Herrenchiemsee kostete ihren Tribut. Alle Bemühungen, die Kabinettskasse zu sanieren, schlugen fehl, die Beschlagnah-

Blick über die Krautinsel und die Fraueninsel.
A view of the Kraut Island and the Frauen Island.
Vue de la Krautinsel et de la Fraueninsel.
Panorama sulla Krautinsel e la Fraueninsel.
クラウトインゼル、フラウエンインゼルを望む。

mung von Linderhof und Herrenchiemsee stand bevor. »Wenn dies nicht rechtzeitig verhindert wird, werde ich mich sofort töten oder jedenfalls das verfluchte Land, in welchem so schauderhaftes geschah, sofort und für immer verlassen«, war die Antwort des Königs. Am 13. Juni 1886 fand der Mann, der von sich sagte, daß er zugrunde ginge, wenn er nicht mehr bauen könne, den Tod im Starnberger See.

Frauenchiemsee, die magische Insel

Vergleicht man die beiden Hauptinseln des Chiemsees miteinander, zeigt sich deutlich, wie der jeweilige Name der Insel auch ihrer Atmosphäre entspricht. Dem Maskulinen der bewaldeten Herreninsel, verkörpert durch das mächtige Schloß und die Schloßanlage, die die Insel wie ein Säbelschnitt von West nach Ost durchschneidet, steht das Feminine der blumenübersähten, farbenfrohen Fraueninsel gegenüber. Auf dem zwanzig Mal kleineren Eiland steht seit dem 8. Jahrhundert ein Kloster, das eines der ältesten bestehenden Frauenklöster in Deutschland ist. Der Bayernherzog Tassilo III. ließ vor über 1200 Jahren das Kloster »Frauenwörth« als adeliges Damenstift gründen. Mitte des 9. Jahrhunderts übernahm Irmengard, die 1928 seliggesprochene Tochter Ludwigs des Deutschen und Urenkelin Kaiser Karls des Großen, die Leitung des Klosters nach den Regeln der Benediktinerinnen. Während dieser Jahre erlebte Frauenwörth ein wahre Blütezeit. Eine große karolingische Klosteranlage wurde gebaut, und die Besitztümer des Stifts reichten bis nach Südtirol und ins Ötztal. Nach ihrem Tod fand die Äbtissin Irmengard allerdings bis zum Jahr 1922 keine Ruhe. Immer wieder wurden ihr Grab geöffnet und ihre Gebeine umgebettet, denn es hieß, daß sie wiederholt den Nonnen erschienen sei. Noch heute danken zahlreiche Gläubige mit Votivtafeln in der Klosterkirche der seligen Irmengard dafür, daß sie ihnen in Notlagen beistand.
Die Architektur des Klosters änderte sich in den Jahrhunderten seiner Existenz immer wieder. Aus romanischen Bauelementen wurden gotische, als das Stern- und Netzrippengewölbe eingebaut wurde. Dadurch verschwanden auch die Fresken

aus dem frühen 12. Jahrhundert, die erst 1961 wiederentdeckt wurden. Um 1750 folgte eine völlige Barockisierung des Innenraums der Klosterkirche und der spätgotischen Irmengardkapelle.
Zum Wahrzeichen des Chiemsees, vielleicht sogar des gesamten Chiemgaus, wurde der leuchtendweiße, stämmige

Frauenchiemsee, Insel der Fischer, Künstler und Nonnen. Rechts: der Klosterturm und das älteste Bauwerk der Insel, die romanische Torhalle. Auf der nächsten Seite ein Überblick über die Insel.

Frauenchiemsee, the island of fishermen, artists and nuns. Right: the monastery tower and the oldest structure of the island, the romantic gateway hall. On the next page a view overlooking the island.

Frauenchiemsee, l'île des pêcheurs, des artistes et des religieuses. A droite: la tour du couvent et l'édifice le plus ancien de l'île, la romantique Torhalle. La page suivante montre une vue de l'île.

Frauenchiemsee, isola dei pescatori, degli artisti e delle suore. A destra: il campanile del convento e il porticato romanico, la più antica costruzione dell'isola. Alla pagina seguente, un panorama dell'isola.

フラウエンキームゼー島 ー 漁師、芸術家、修道尼の島。
右手は修道院の塔とロマネスク 様式のトールハレ。
トールハレは島でも最古の建築物である。次頁は、島の全景。

Seit vielen Jahrhunderten ein Zentrum der Kultur: Kloster Seeon.
For many centuries a center of culture: the Seeon Convent.
Centre culturel depuis de nombreux siècles: le monastère Seeon.
Il convento di Seeon, da secoli centro culturale.
何世紀にもわたり文化の中心となってきたゼーオン修道院。

Turm des Münsters. Auf der Insel ist er von überall aus zu sehen, und kommt man von Herrenchiemsee aus mit dem Boot, strahlt er einem schon von weitem entgegen. Ursprünglich gehörte er gar nicht zur Klosteranlage, sondern war ein Wehr- und Fluchtturm gegen die Angriffe der Ungarn im 10 Jahrhundert. Dies ist auch der Grund, warum er nicht, wie normalerweise üblich, mit dem Hauptschiff verbunden ist, sondern einem italienischen Campanile gleicht, der neben der Kirche steht. Erst im 14. Jahrhundert wurde er als Glockenturm des Münsters ausgebaut, und im Jahr 1572 erhielt er nach einem Brand seine bayerische Zwiebelhaube.

Auf der Insel leben heute etwa 600 Menschen: Fischer, Bootsbauer, Nonnen, Töpfer und Wirte. Die Inselfamilien gelten auch unter Chiemgauern als ein eigenständiges »Volk«, leben sie doch weit stärker in Traditionen als die meist nur vom Tourismus abhängigen Festlandbewohner. Fast alle stammen aus den alteingesessenen Familien und Betrieben, in denen schon Vater, Großvater und Urgroßvater das Sagen hatten. Seit 180 Jahren gibt es einen Inselwirt, und die Töpferei lieferte bereits 1609 Geschirr und Kacheln an das Kloster. Von besonderer Bedeutung sind die Fischer der Insel. Insgesamt gibt es 18 Berufsfischer am See, sechs davon leben auf Frauenchiemsee. In der Klosterkirche haben sie ihre eigenen, mit Emailschildchen gekennzeichneten Plätze. Bis ins vorige Jahrhundert waren die Fischer noch mit dem Urboot des Chiemsees, dem »Plätten«, auf dem Wasser. Heute sind selbst die romantischen Holzkähne mit ihren knarzenden Planken durch moderne Aluboote ersetzt. Das Leben der Fischer ist trotzdem noch sehr hart am Chiemsee. Sommers wie winters, bei Wind und Wetter werden die Netze ausgeworfen und wieder geleert. Bis zu 200 Pfund Fisch können täglich zusammenkommen. Der Brotfisch des Chiemsees ist die Renke, grätenreich zwar, doch geräuchert eine echte Delikatesse.

In den warmen Jahreszeiten, wenn genügend Besucher auf die Insel kommen, werden in den Vorgärten der Fischerhäuser Biertische und Bänke aufgestellt und frisch geräucherte Forellen, Renken, Zander, Brachsen und Aale angeboten. Einträchtig sitzen dann Inselbewohner, Touristen aller Herren Länder, Chiemseesegler und Sonntagsausflügler an den langen Tischen zusammen und genießen ein originales Stück bayerischer Lebensart.

Beim Betreten der Insel fällt die üppige Blumenpracht in den kleinen Gärten auf.

Aus der Luft erscheinen die Anlagen des weitläufigen Parks von Schloß Herrenchiemsee wie ein lachendes Gesicht.

From above, the gardens of the rambling parks of the Herrenchiemsee Castle resemble a laughing face.

Vu d'avion, le vaste parc du château de Herrenchiemsee ressemble à un visage rieur.

Dall'aria le strutture del vasto parco del castello di Herrenchiemsee appaiono come un viso sorridente.

ヘレンキームゼー城の鳥瞰図。広い公園が人の笑顔のよう。

Man fühlt sich an englische Landhausgärten erinnert, in denen auch die feuchte Luft eine Fülle von unterschiedlichen Blumensorten gedeihen läßt. Sonnenblumen, Rosen, Wicken, Malven und Rittersporn erklimmen jeden Winkel der Insel, und für den Besucher, der weder durch Straßenverkehr noch durch hektische Geschäftigkeit gestört wird, zeigt sich ein farbenfrohes Paradies. Das Vorbild haben die Insulaner in dem Kräutergarten des Klosters, der, nach alter Tradition bepflanzt, eine ganz besondere Ausstrahlung hat.

Die Malerkolonie am Chiemsee

Die erste Künstlerkolonie des Chiemsees entstand 1828 auf der Fraueninsel. Maler wie Maximilian Haushofer und Christian Ruben machten mit romantischen Landschaftsbildern den Anfang, und später folgten immer mehr Künstler, die dem magischen Licht, den dramatischen Gewitterstimmungen und der fröhlichen Atmosphäre auf der Fraueninsel erlegen waren. Die Künstlerchronik der Insel, die fünf Bände umfassende »ehrwürdige, erlesene Chronik der Malerherberge Frauenwörth«, umfaßt die Jahre 1828 bis 1916 und dokumentiert das Kommen und Gehen ganzer Künstlergenerationen.

Später entstand in Prien das zweite Chiemgauer Künstlerzentrum, das sich zunächst aus der Malervereinigung »Die Bären und die Löwen« zusammensetzte, aus der nach dem Ersten Weltkrieg die Gruppe »Die Welle» entstand. Revolutionäre Malerei entstand allerdings nicht in all diesen Gruppierungen. Vielleicht war es die Harmonie der Landschaft, die dazu führte, daß auch die Kunst sich dergestalt ausdrückte.

Kloster Seeon

Wenn auch keine Insel des Chiemsees, so ist Seeon doch eine Insel des Chiemgaus. Vor 1000 Jahren wurde das Benediktinerkloster Seeon von Pfalzgraf Aribo inmitten des größten der 14 Gewässer der Seeoner Seenplatte, dem Klostersee, errichtet. Berühmt sind die Zwiebeltürme der Seeoner Kirche. Neben denjenigen auf der Fraueninsel sind sie wahrscheinlich die am häufigsten fotografierten im Chiemgau. Kulturell erlebte Kloster Seeon in den verschiedensten Epochen Höhepunkte. Bald nach dem Jahr 1000 wurde Seeon ein Zentrum der Buchmalerei, vom 14. bis zum 17. Jahrhundert entstanden gotische Schnitzwerke höchster Qualität, darunter die berühmte Seeoner Madonna, die aber inzwischen nur noch im Bayerischen Nationalmuseum in München besichtigt werden kann. 1767 und 1769 war Wolfgang Amadeus Mozart zu Besuch und komponierte für Seeon verschiedene Offertorien. Die Säkularisierung 1803 bescherte auch diesem Kloster eine wechselvolle Zukunft: Hochadel, Herzogsfamilien und Geschäftsleuten diente es als Treffpunkt, später wurde es auch als Heilbad, Erholungsheim und Kaserne benutzt.

1993 erlebte die kulturelle Vergangenheit ihre Renaissance: Aus dem ehemaligen Kloster wurde wieder eine Kultur- und Bildungsstätte, in der Seminare, Tagungen und Konzerte veranstaltet werden.

Das ehemalige Benediktinerkloster Seeon ist heute ein Kultur- und Bildungszentrum.

The one time Benedictine Monastery, Seeon, is today a culture and education center.

L'ancien monastère bénédictin Seeon est aujourd'hui un centre culturel et un établissement de formation.

L'ex convento benedettino di Seeon è oggi un centro culturale e di formazione.

かつてのベネディクト修道会
ゼーオン修道院の建物は、
今日では成人教育・カルチャー
センターとして用いられている。

Thurn und Taxis
GER 117

Blick über den Chiemsee auf die Alpenkette.
A view over the Chiemsee onto the mountain range.
Vue du Chiemsee et de la chaîne des Alpes.
Panorama sulla catena delle Alpi dal Chiemsee.
キーム湖からアルプスの山並みを望む。

Segeln auf dem Chiemsee ist ein echter Genuß.
Sailing on the Chiemsee is a real enjoyment.
Naviguer sur le Chiemsee est un vrai plaisir.
Andare a vela sul Chiemsee è un vero piacere.
キーム湖での爽快な帆走。

Die Seen des Chiemgau

Waginger und Tachinger See

Auch wenn der Waginger See aus dem Schmelzwasser eines eiszeitlichen Gletscherrestes entstand, gilt er als der wärmste See in Oberbayern. Im Nordteil verbindet ein Damm den Waginger mit dem Tachinger See. Im letzten Jahrhundert wurden die Ausmaße des Waginger Sees von Menschenhand verändert. Der weitaus größere See wurde 1867 um einen Meter tiefergelegt, wodurch 995 Tagwerk Sumpf trockengelegt und damit neues Land gewonnen werden konnte. Jetzt haben die miteinander verbundenen Seen eine Länge von 12 Kilometern und sind 30 Meter tief.

Weitläufige Hügellandschaften und zahlreiche Seen prägen die Umgebung des Chiemsees, rechts der Simssee.

Long running rolling hills and numerous lakes help to form the Chiemsee environs. Right: the Simssee.

De vastes paysages agrémentés de collines et de nombreux lacs caractérisent les environs du Chiemsee ; à droite, le Simssee.

Gli ampi paesaggi collinosi e i numerosi laghi caratterizzano i dintorni del Chiemsee; a destra il Simssee.

キーム湖の周辺には数多く湖が点在し、広大な丘陵が広がっている。右はジム湖。

Der Simssee

Der Simssee gehört zu den stillen Regionen im Chiemgau. Keine Ausflugsboote oder Yachten im Hochseeformat kreuzen auf dem Moorsee, nur am Wochenende, wenn die Rosenheimer »ihren« See heimsuchen, kommt Bewegung an die Ufer.

Auch hier erzählen die Moränenrücken rings um den See von seiner eiszeitlichen Entstehung. Das moorige Simsbecken ist der letzte Überrest eines einst riesigen Sees, der das gesamte Rosenheimer Becken mit einschloß und der Ausdehnung des Bodensees entsprach. Schilf und Ufermoore machen viele der Uferstellen unzugänglich, und größere Orte sind am See selbst auch nicht zu finden. Den südlichen Teil konnten aufgund des Schilfbestandes die Wasservögel für sich in Beschlag nehmen.

Blick über Moore und Wälder der Eggstätter Seenplatte und den Simssee (rechts).

A view overlooking the moors and forests of the Eggstättter lake plains and the Simssee (right).

Vue des marais et des forêts de l'Eggstätter Seenplatte et du Simssee (à droite).

Panorama sui boschi e le paludi della regione lacustre della Eggstätter Seenplatte e sul Simssee.

エッグシュテット湖沼地帯湿原と野原。右はジム湖。

Eingebettet in eine Waldlandschaft: die Eggstätter Seenplatte.

Tucked away in a forest: the Eggstätter lake plains.

Loti dans un paysage boisé: l'Eggstätter Seenplatte.

La regione lacustre della Eggstätter Seenplatte, immersa nei boschi.

森に囲まれたエッグシュテット湖沼地帯。

Der Waginger See (links), im Norden verbunden durch einen Damm mit dem Tachinger See (rechts), gilt als das wärmste Gewässer Oberbayerns.

The Waginger lake (left), connected in the north by a dam with the Tachinger lake (right), is the warmest waterway found in Upper Bavaria.

On dit que le Waginger See (à gauche), relié au nord au Tachinger See (à droite) par une jetée, a les eaux les plus chaudes de la haute Bavière.

Il Waginger See (a sinistra), collegato a nord da una diga al Tachinger See (a destra), è noto per avere le acque più calde dell'Alta Baviera.

ヴァーギンク湖（左）の北側は、ダムによりタッヒンク湖（右）とつながっている。ヴァーギンク湖は、オーバーバイエルンで最も水温の高い湖である。

Südlich des Chiemsees

Die Autobahn München-Salzburg durchschneidet den südlichen Chiemgau gerade am Übergang von der Seen- und Hügellandschaft zum Gebirge. Einst ruhige Orte wie Frasdorf und Bernau sind eigentlich Autobahndörfer geworden, und auch wenn für die vorbeieilenden Autofahrer der Blick auf den Chiemsee bei hohem Tempo reizvoll sein mag, täuscht er doch nicht darüber hinweg, daß diese Straßenführung ein optischer und auch akustischer Störfaktor für diese Gegend ist.

Zu Füßen der Kampenwand und am Eingang des Oberen Prientals liegt der Luftkurort Aschau.

The spa resort, Aschau, lies at the foot of the Kampenwand and at the entrance of the upper Priental.

Au pied du Kampenwand et à l'entrée de la vallée supérieure de Prien se trouve la ville de cure d'Aschau.

La stazione climatica di Aschau è situata ai piedi del Kampenwand e all'imbocco dell'alta Priental.

新鮮な空気の保養地アシャウは、カムペン山麓、上流プリーン渓谷の入口に位置する。

Zwei Kleinode Chiemgauer Kulturgeschichte befinden sich in dem Gebiet, das eine öffentlich, das andere nicht. Schloß Wildenwart ist Wittelsbacher Privatbesitz und damit nur zu besichtigen, wenn eine persönliche Einladung vorliegt. Die kleine Kirche St. Florian, direkt auf dem Weg zum versperrten Schloß gelegen, ist aber in jedem Falle einen Besuch wert und auch ohne Einladung zu besichtigen. Allein steht sie in der Landschaft, von satten Wiesen umgeben, mit den Chiemgauer Bergen im Hintergrund. Schöner kann eine Kirche nicht in die Landschaft gebettet sein. 1490 als spätgotischer Bau errichtet, wirkt die Kirche eher derb und kantig. Aber sie wurde ja auch zu Ehren des Heiligen Florian errichtet, der ausschließlich durch sein Gebet das Feuer eines brennenden Hauses löschen konnte. Die Chiemgauer waren auf den Schutz dieses Heiligen häufig angewiesen. Starke Gewitter sind hier keine Seltenheit, und wo Donner und Blitz unvermittelt auftreten, ist die Brandgefahr der hölzernen Stadl entsprechend groß.

Hoch über dem Priental erhebt sich Schloß Hohenaschau, eine der schönsten und besterhaltenen Burganlagen Deutschlands.

The Hohenaschau Castle rises high above the Priental, one of the most beautiful and well kept castle grounds in Germany.

Le château Hohenaschau, l'une des forteresses les plus belles et les mieux conservées d'Allemagne, domine la vallée de Prien.

Alto sulla Priental si erge il castello di Hohenaschau, una delle fortezze più belle e meglio conservate di tutta la Germania.

プリーン渓谷を眺め下ろすようにしてホーエンアシャウ城は聳えている。
保存状態と景観 の上では、
ドイツでも屈指の城塞である。

Rund um die Pfarrkirche gruppiert sich das Zentrum von Aschau.
The center of Aschau forms itself around the Parish Church.
Le centre d'Aschau blotti autour de l'église paroissiale.
Il centro di Aschau, raggruppato intorno alla chiesa parrocchiale.
教区教会の辺りがアシャウの市街地になる。

Der Sommersitz des letzten Königs von Bayern: Schloß Wildenwart, heute im Privatbesitz des Herzogs Max in Bayern.

The summer residence of the last king of Bavaria: the Wildenwart Castle, today privately owned by Duke Max of Bavaria.

La résidence d'été du dernier roi de Bavière: Schloß Wildenwart, aujourd'hui possession privée du duc Max in Bayern.

La residenza estiva dell'ultimo re di Baviera, il castello di Wildenwart, oggi proprietà privata del duca Max di Baviera.

最後のバイエルン王が夏の離宮として使ったヴィルデンヴァルト城。現在、バイエルンのマックス公爵の個人所有となっている。

Grassau, bekannter Ferienort zwischen den Ausläufern der Alpen und dem Chiemsee.

Grassau, a well known vacation spot between the foothills of the Alps and the Chiemsee.

Grassau, lieu de vacances réputé, situé entre les contreforts des Alpes et le Chiemsee.

Grassau, nota stazione di vacanze tra i contrafforti delle Alpi e il Chiemsee.

グラッサウは、アルプス山脈の裾野とキーム湖の間に位置する有名なリゾート地。

Schloß Wildenwart

Hoch über der Prien, die hier in weiten Bögen durch eine abwechslungsreiche Landschaft fließt, liegt Schloß Wildenwart. Zwei bayerisch-barocke Zwiebeltürme, die weiß-gelbe Fassadenfarbe und die grünen Fensterläden lassen erkennen, daß hier herrschaftliche Lebensart gepflegt wird, wenn auch die Zeit der Macht dieses Hauses vorüber ist. Für den letzten König von Bayern, Ludwig III., wurde Schloß

Wildenwart zum Zufluchtsort, als er – nach Ende des Ersten Weltkrieges entmachtet – Salzburg verlassen mußte.

Vor ihm hatte das charmante Anwesen eine lange und wechselvolle Geschichte, und die Reihe der Besitzer im Laufe von acht Jahrhunderten ist endlos. Der Grundstein wurde jedenfalls Ende des 12. Jahrhunderts gelegt, als sich die Herren von Greimharting eine Burg, eine »Warte in der Wildnis«, zum Schutz der Brücke über die Prien errichteten. In den folgenden Jahren durchlebte auch dieses Bauwerk alle Stilepochen der jeweiligen Zeit, bis es schließlich über allerlei Erbschaften an Prinzregenten, Erzherzöge und Königinnen in den Besitz der Wittelsbacher geriet.

Aschau – der Eingang des Prientals

Die Prien, die oberhalb des Bergortes Sachrang an der Gogl-Alm entspringt, hat diesem Tal seinen Namen gegeben, das sowohl landschaftlich als auch kunsthistorisch überaus interessant ist. Ihren wilden Lauf hat sie allerdings dem Aschauer Gletscher, einem Seitenarm des Inngletschers, zu verdanken. Fast am Ende ihres über 30 Kilometer langen Wegs, wenn sich die Talenge weitet, blockiert ein Bauwerk riesigen Ausmaßes zumindest optisch ihren Lauf. Schloß Hohenaschau, das als eine der schönsten und besterhaltenen Anlagen Deutschlands gilt, steht majestätisch auf einem frei abfallenden Höhenrücken und sperrt sich quer gegen das Prientalbecken. Als Vorläufer der jetzigen Burganlage entstand bereits 1165 eine Wehranlage, von der noch Bergfried und Ringmauern erhalten sind. Wie fast bei allen Burgen und Schlössern des Chiemgaus wechselten auch hier im Laufe der Jahre ständig die Besitzer und beeinflußten den Baustil. Gegen Ende des 19. Jahrhunderts erwarb der Nürnberger Großindustrielle und M.A.N-Gründer Freiherr von Cramer-Klett die Burg. Als Stahlindustrieller und Maschinenbauunternehmer beschäftigte er sich aber nicht nur mit dem Umbau der Burg. Die Chiemgaubahn von Prien nach Aschau war seine Idee, und noch heute freuen sich zahlreiche Besucher, wenn sie mit der wild schnaubenden, grünen Eisen-

Unterhalb des Geigelsteins liegt Schleching, einer der ältesten Orte des Chiemgau.

Below the »Geigelstein« lies Schleching, one of the oldest areas of Chiemgau.

En dessous du Geigelstein se trouve Schleching, l'une des villes les plus anciennes du Chiemgau.

Sotto il Geigelstein si trova la località di Schleching, una delle più antiche del Chiemgau.

ガイゲルシュタインの麓にあるシュレヒングは、キームガウでも最も長い歴史を誇る。

bahn die für heutige Verhältnisse so kurze Wegstrecke zurücklegen können.
Die Zeit des großen Lebensstils und der Empfänge erlauchter Gesellschaften ist allerdings vorüber. Inzwischen ist die Bundesfinanzverwaltung Besitzer des stattlichen Anwesens, und aus der stolzen Burg wurde ein Erholungsheim für Finanzbeamte.

Sachrang

Ganz am Ende des Prientals, fast an der Grenze zu Tirol, liegt ein kleiner Gebirgsort namens Sachrang. Eigentlich wäre es ein Ort wie viele in dieser bergigen Gegend, aber immer wieder sorgten Umstände dafür, daß aus Sachrang mehr wurde als ein einfaches Bergdorf am Ende eines Tals. Die Nähe zu Tirol zeigt sich bereits in der Bauernhausarchitektur, die deutlich anders ist als im restlichen Chiemgau. Den Herren von Hohenaschau, den Grafen Preysing-Hohenaschau, ist der überaus aufwendige Bau der Pfarrkirche zu verdanken. Sie haben sich im 17. Jahrhundert selbst um die Pläne gekümmert und auch entsprechende Finanzen zur Verfügung gestellt. Die von einem Aschauer Meister gefertigten Kirchenbaupläne waren den Grafen des Schlosses nicht genehm. So wurde der Auftrag an einen Baumeister aus Graubünden gegeben, Johann Caspar Zuccalli, der einen üppigen italienischen Barockstil in den entlegenen Chiemgauort brachte.
Später machte eine andere Figur von Sachrang Furore: der Müllner-Peter. Das ländliche Musikgenie wurde 1766 geboren und hieß ursprünglich Peter Huber. Als Kind war er bereits geübt im Umgang mit den verschiedensten Instrumenten. Mit zwölf wurde er in die Hauptstadt München zur Ausbildung geschickt. Dort hielt er es nicht allzu lange aus, kehrte zurück ins heimische Sachrang und betrieb eine Mühle. Die Musik ließ ihn aber trotzdem nicht los. 300 Werke des musikalischen Chiemgauers sind in der Musikabteilung der Bayerischen Staatsbibliothek heute gesammelt. Schließlich beschäftigte er sich auch noch als Heilpraktiker, wurde Dorfbürgermeister und Kirchenpfleger. Literarisch wurde das Leben des vielseitigen Sachrangers durch den Roman »Der Müllner-Peter von Sachrang« von Carl Oskar Renner verewigt, und das Bayerische Fernsehen produzierte daraus sogar einen abendfüllenden Dreiteiler.

Samerberg

Samerberg ist eigentlich ein Zusammenschluß verschiedener Gemeinden zu Füßen des Hochries. Die vier größten sind Törwang, Grainbach, Steinkirchen und Roßholzen. In dem Hochtal wurde seit langem Pferdezucht betrieben und die Einwohner als »Samer« bezeichnet, als Säumer, was so viel bedeutete wie das Führen von Lastpferden.
Törwang wurde zum Pilgerort für Liebhaber der Lüftlmalerei. Im Gegensatz zu Oberammergau oder Mittenwald hat der Chiemgau in dieser Kunstgattung nicht allzuviel zu bieten. Das Schusterhäusl von Törwang, mitten im Ortszentrum gelegen, aber gilt als eines der schönsten seiner Art.

Samerberg, das Hochtal am Fuß der Hochries,
gilt immer noch als eine Oase der Ruhe.

Samerberg, the high valley at the foot of the
Hochries, is still an oasis for peace.

La vallée d'altitude Samerberg, au pied du Hochries,
est toujours considérée comme un havre de paix.

Il Samerberg, nella vallata superiore ai piedi
della Hochries, e ancora oggi un'oasi di pace.

ホッヒリース麓にある渓谷ザマーベルクは、静寂の漂う憩いの場である。

Der malerische Ort Sachrang liegt nahe der
Tiroler Grenze im Oberen Priental.

The picturesque town Sachrang lies near
the border with Tyrol in Upper Priental.

La ville pittoresque de Sachrang se trouve à proximité de
la frontière tyrolienne, dans la vallée supérieure de Prien.

La pittoresca località di Sachrang nei pressi
del confine col Tirolo nell'alta Priental.

画趣に富むザッハランクは、
チロルとの境界に近い上流プリーン渓谷にある。

In den Chiemgauer Bergen

Ihrem Erscheinungsbild nach sind die Chiemgauer Berge zwischen dem Inn im Westen und der Saalach im Osten ein Vorgebirgszug, dessen Gipfel nicht einmal die Zweitausendmetergrenze überschreiten. Die höchste Erhebung, das Sonntagshorn bei Ruhpolding, erreicht 1960 Meter, steht aber größtenteils bereits auf österreichischem Terrain. Auf der bayerischen Seite dagegen ist es nur der Geigelstein zwischen Sachrang und Schleching, der höher als 1800 Meter ist.

Aus der Silhouette der sanften Wald- und Hügellandschaft des Chiemgau heben sich vereinzelt eindrucksvolle Felsformationen ab: die Sonntagshorn-Nordwand, der Rauschenberg, die Pyramide des Geigelstein und natürlich die Kampenwand. Die ist allerdings auch für ambitionierte Alpinisten ein Ziel, und schon mancher, der der 1669 Meter hohen Wand ohne alpine Erfahrung gegenübergetreten ist, wurde eines besseren belehrt. Ein Superlativ gibt es aber doch in den Chiemgauer Bergen: das Gipfelkreuz der Kampenwand. Zwölf Meter ist es hoch und damit das höchste der Bundesrepublik. Nicht einmal die Zugspitze kann da mithalten. Der Blick vom Gipfel dieses zackengekrönten Massivs kann eigentlich nur als sensationell bezeichnet werden. An klaren Tagen, wenn der Föhn zu Sichtweiten über 100 Kilometer verhilft, liegt dem Bergwanderer der ganze liebliche Chiemgau zu Füßen, und der Blick reicht im Norden bis in den Bayerischen Wald und im Süden bis in die Zentralalpen.

**Einsame Almhütten in den Chiemgauer Bergen (oben).
Die 1669 Meter hohe Kampenwand ist das bekannteste Massiv der Chiemgauer Alpen (rechts).**

**Secluded alpine cottages in the Chiemgau mountains (above).
The 1669 meter high Kampenwand is the most famous structure in the Chiemgau Alps (right).**

**Chalets d'alpage isolés dans les montagnes du Chiemgau (en haut).
Haut de 1669 mètres, le Kampenwand est le massif le plus connu des Alpes du Chiemgau (à droite).**

**Baite solitarie fra i monti del Chiemgau (sopra).
Il Kampenwand, con i suoi 1669 metri d'altezza, è il gruppo più noto delle Alpi del Chiemgau (a destra).**

キームガウ山地にあるアルプス高原牧草地の山小屋（上）。
海抜 1,669 メートルの カムペン山は、キームガウ・アルプスのなかで最もよく知られた連山である（右）。

Oben: Die Steinbergalm im Gebiet der Kampenwand.
Rechts: Am Aufstieg des Masererpasses nach Reit im Winkl liegt Oberwössen.

Above: The Steinbergalm in the Kampenwand area.
Right: At the beginning of the Maserer pass, after Reit im Winkel lies Oberwössen.

En haut: la Steinbergalm dans la région du Kampenwand.
A droite: sur la route qui mène au Masererpaß en direction de Reit im Winkl, se trouve Oberwössen.

Sopra: l'alpe dello Steinbergalm nel Kampenwand.
A destra: all' inizio del Masererpass in direzione di Reit im Winkl, si trova Oberwössen.

上：カムペン山地域にあるシュタインベルク・アルム(牧草地)。
右：ライト・イム・ヴィンクルに通じるマッザール峠登山口に、オーバーヴェッセンはある。

Vorhergehende Seite: Blick über die Berchtesgadener und Tiroler Alpen.

Last page: View overlooking the Berchtesgaden and Tyrol Alps.

Page précédente: Vue sur les Alpes de Berchtesgaden et du Tyrol.

Pagina precedente: Panorama sulle Alpi di Berchtesgaden e del Tirolo.

前の頁：ベルヒテスガーデン・アルプスとチロル・アルプスの眺め。

Abbildungen rechts und links: Reit im Winkl ist das höchstgelegene und bekannteste Dorf im Chiemgau. Seine Lage in einem von Bergen umrahmten Hochtal macht es sowohl als Wandergebiet als auch als Skiregion attraktiv.

Pictures right and left: Reit im Winkl is the highest and best known village in chiemgau. Its location in a high valley surrounded by mountains makes it attractive not only as an area for walking but also for skiing.

Illustrations à gauche et à droite: Reit im Winkl est le village le plus connu et le plus haut du Chiemgau. Il attire les randonneurs et les skieurs en raison de sa situation géographique: il est en effet situé dans une vallée d'altitude encadrée de montagnes.

Foto a sinistra e a destra: Reit im Winkl è il paese più alto e famoso del Chiemgau. La sua posizione in un'alta vallata circondata da montagne lo rende meta di escursionisti e sciatori.

右と左の写真：

ライト・イム・ヴィンクルは、キームガウで海抜が一番高いだけでなく、知名度も最も高い。山々に囲まれた深い谷にある同地は、登山とスキーのどちらにも格好の土地である。

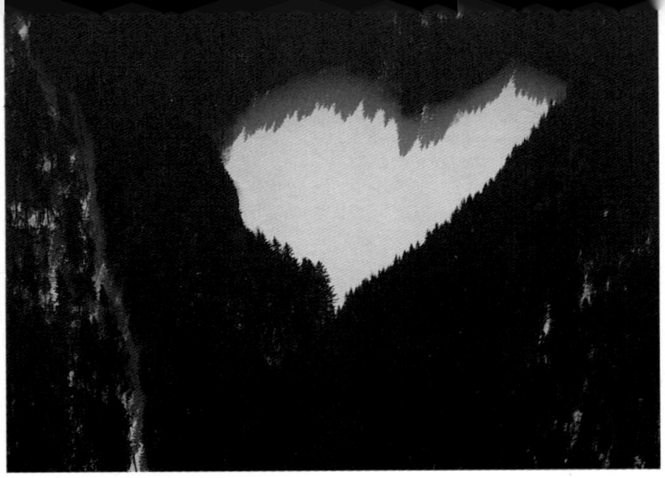

Waldlichtung in einem Chiemgauer Hochtal.
A clearing in the forest in a Chiemgau valley.
Clairière dans une vallée d'altitude du Chiemgau.
Radura in una delle alte valli del Chiemgau.
キームガウ渓谷の林間地。

Die bayerischen Alpen zwischen dem Königs- und dem Bodensee sind nur ein schmaler, wenig mehr als 200 Kilometer langer Randstreifen der nördlichen Kalkalpen. Die Berge des Chiemgaus sind wiederum nur ein kleiner Teil dieser bayerischen Berglandschaft, und spannt man den Vergleich weiter zu den wirklichen großen Massiven – wie den Rocky Mountains, den Anden oder dem Himalaja – schrumpft ihre Dimension zu einem wahrlich bescheidenen Höhenzug.
Aber die Erhabenheit und Schönheit einer Gebirgslandschaft läßt sich nicht einfach in Metern messen, und gerade dem charakteristischen Randgebirge, in dem wald- und mattenbedeckte Vorberge sanft ins Flachland auslaufen, tosende Wildbäche durch beklemmende Schluchten donnern und idyllische Hochtäler sich mit schroffen Felswänden abwechseln, verdankt die Chiemgauer Bergwelt ihren faszinierenden Landschaftsreichtum.
Wie in vielen einsamen Bergregionen, in denen die Errungenschaften der Neuzeit nicht unmittelbar Einzug hielten, ist auch in den Chiemgauer Alpen das Leben über die Jahrhunderte seinen eigenen Weg gegangen.
Die Bergbauern haben zwar Verbesserungen und Arbeitserleichterungen erhalten, ihre grundsätzliche Lebenssituation und ihre Wirtschaftsform mancherorts aber kaum verändert. Lederhosen, Trachtenkleidung und der Gamsbarthut gehörten zum Alltag der Bergbauern, lange bevor diese Kleidung auch unter Städtern und Touristen salonfähig wurde.
Jetzt aber bestimmt der Fremdenverkehr in vielen Bergdörfern das Alltagsgeschehen, und kaum ein Bauernhof kann es sich heute leisten, auf eine Aufstockung des Einkommens durch Zimmervermietung zu verzichten. Auch die Landschaft hat sich durch den Tourismus wesentlich verändert. Denn viele, die hier Ruhe und Erholung suchen und sich bergsportbegeistert nennen, sind in Wahrheit keine Sportler, sondern ziehen lieber die bequeme Fahrt mit der Berggondel vor. Folglich wird die Zahl der Liftanlagen immer größer, was schließlich wieder mehr Ausflügler in die Berge lockt und die Zufahrtsstraßen verstopft. Ein Teufelskreis, könnte man sagen, aber unsere freizeitorientierte Denkweise sucht eben die schönsten Flecken Erde aus. Und einer davon ist zweifelsohne der, den dieses Buch behandelt. Vieles vom alten Chiemgau wird bald nur noch Erinnerung sein oder in Prospekten der Fremdenverkehrswerbung als Tradition angepriesen werden. Der Tourismus hat in den Bergen Einzug gehalten, sich bemächtigt hat er sich ihrer deshalb aber noch lange nicht.

Das Achental

Als »Tor zu den Chiemgauer Alpen« wird Marquartstein häufig bezeichnet, und tatsächlich erfüllt es eine solche Funktion, wenn man sieht, daß ab hier das Achental immer enger wird und die Berge näher zueinanderrücken. Die bewaldeten Hänge sind steil, und Hochgern und die Hochplatte dominieren die Landschaft. Auf einem Felsen über dem Ort, hoch über

Ruhpolding liegt in einem weiten Talkessel, umgeben von Rauschberg, Sonntagshorn und Hochfelln.

Ruhpolding lies in a broad valley basin surrounded by Rauschberg, Sonntagshorn and Hochfelln.

Ruhpolding se situe dans une large cuvette entourée par le Rauschberg, le Sonntagshorn et le Hochfelln.

Ruhpolding è situata in un'ampia conca circondata dal Rauschberg, dal Sonntagshorn e dallo Hochfelln.

ルーポルディンクは、ラウシュベルク、ゾンタークスホルン、ホッホフェルンに囲まれた 広い盆地にある。

der rauschenden Ache, liegt die Burg, die dem Ort seinen Namen gab, Burg Marquartstein. Ihre Geschichte und die ihrer Bewohner ist lang und reicht vom Jahr 1075 bis in die heutige Zeit. Morde gab es und verschmähte Liebe, Adlige aus ganz Europa stritten sich um die Vorrechte, und fast jedes Jahr hatte die Burg neue Besitzer. 1894 zum Beispiel heiratete Richard Strauß hier. Er schuf in Marquartstein eine Reihe wichtiger Kompositionen. Heute ist die Burg mit der wechselvollen Geschichte wieder in Privatbesitz, so daß man sich auf die Besichtigung von außen beschränken muß.

Aus dem Ort Marquartstein wurde ein Luftkurort. Bergwanderern ist er ein Begriff, denn von hier führt der Weg auf den mächtigen Hochgern. Dreieinhalb Stunden dauert die Tour, dafür ist man aber unter sich und genießt einen traumhaften Panoramablick in die Chiemgauer Berge, den Wilden Kaiser, das Kitzbühler Horn und die Venedigergruppe.

Der Streit um den Blumenberg

Die Pyramide des Geigelsteins erhebt sich genau zwischen Prien- und Achental. 1813 Meter ist er hoch und für die Gemeinden Sachrang im Westen und Schleching im Osten zu einer Art Hausberg geworden. Beide Orte sind zwar beliebte Fremdenverkehrsziele, jedoch keineswegs so frequentiert wie die weitaus bekannteren Skihochburgen Reit im Winkel oder Ruhpolding. Um dem entgegenzuwirken, planten die beiden Gemeinden – die eine dem Landkreis Rosenheim, die andere dem Landkreis Traunstein zugehörig – das große Gelände des Geigelsteins gemeinsam für den Ski- und Bergtourismus zu erschließen und entsprechend Liftanlagen und Bahnen zu erbauen.

In Erwartung der dann immer größer werdenden Zahl von Gästen wurde auch die Priener Hütte kräftig ausgebaut und die Zahl der Übernachtungsmöglichkeiten verdoppelt. Alsbald erregte der unermüdliche Drang der Tourismusmanager aber doch den Unmut der Chiemgauer Bevölkerung, denn der Geigelstein galt als Almen- und Wandergebiet mit ausgewöhlicher Flora. Eine Bürgerinitiative zum Schutz des Geigelsteins wurde gegründet und den Gemeinsamkeiten der beiden Gemeinden vorerst einmal ein Ende bereitet.

Der Kampf um die den Geigelstein dauerte über zehn Jahre, bis einschließlich die Regierung von Oberbayern den Streit beendete: Am 1. Juni 1991 wurde der Blumenberg der Chiemgauer Alpen als das 117. Naturschutzgebiet Oberbayerns bestimmt. 3135 Hektar wurden dem Zugriff der Tourismuserweiterung entzogen, um

Folgende Seite: Marquartstein, inmitten der Talenge, die von der Tiroler Ache durchbrochen wird, zwischen den Bergmassiven Hochgern und Hochplatte.

Following page: Marquartstein, in the middle of the narrow valley which is divided by the Tyrol Ache between the larger mountains Hochgern and Hochplatte.

Page suivante: Marquartstein, située au milieu du rétrécissement de la vallée traversée par la Tiroler Ache, entre les massifs montagneux Hochgern et Hochplatte.

Pagina seguente: Marquartstein, al centro della gola formata dal Tiroler Ache, tra i massicci montuosi dello Hochgern e della Hochplatte.

前の頁：マーカートシュタインは、ホッホゲルン・ホッホプラット連山の間に、チロル・アッハに よって形成された険しい渓谷に位置している。

Bewaldete Hügel an der Kampenwand (oben).
Rechts: Skipiste und Lifttrasse auf der Winkelmoosalm.

Wooded hills on the Kampenwand (above).
Right: Ski-runs and the marked out route for lifts at the Winkelmoosalm.

Colline boisée le long du Kampenwand (en haut).
A droite : piste de ski et remonte-pente au Winkelmoosalm.

Colline boscose nel Kampenwand (sopra).
A destra: pista da sci e skilift nel Winkelmoosalm.

カムペン山の中腹にある深緑の丘（上）。
右：キームガウでも最も有名なスキー場をもつヴィンケルモース・アルムのスキーコースとリフトテラス。

Inzell, Luftkurort und Wintersportplatz in einem geschützten Talkessel der Roten Traun.

Inzell, resort spa and winter sport location in a protected valley basin of Rote Traun.

Inzell, ville de cure et station de sports d'hiver située dans une cuvette protégée de la Rote Traun.

Inzell, stazione climatica e sciistica in una conca valliva riparata del Rote Traun.

ローテ・トラウン川の谷間にあって山々に囲まれたインツェルは、空気の新鮮な保養地で、ウィンタースポーツも盛ん。

Das weltbekannte Eisschnellaufzentrum in Inzell, Austragungsort zahlreicher Welt- und Europameisterschaften.

The world famous speed skating center in Inzell, venue for numerous world and European championships.

Le centre de patinage de vitesse d'Inzell, connu dans le monde entier. De nombreux championnats mondiaux et européens y sont organisés.

Lo stadio per il pattinaggio di velocità di Inzell, di fama internazionale, dove hanno avuto luogo numerosi campionati europei e mondiali.

世界的に有名なインツェルのスピードスケート場。数多くの世界選手権やヨーロッパ 選手権がここで開催されている。

Die Steinlingalm unweit der Kampenwand.

The Steinlingalm not far from the Kampenwand.

La Steinlingalm non loin du Kampenwand.

Lo Steinlingalm non lontano dal Kampenwand.

シュタインリンク・アルムは、カムペン山から程近い場所にある。

die für das Alpengebiet so charakterische Gebirgslandschaft mit ihrer typischen Pflanzen- und Tierwelt zu sichern. Aus dem Geigelstein wurde kein Skiparadies, dafür ist es im Sommer und im Herbst ein lohnendes Wandergebiet, in dem eine Vielfalt von Alpenblumen zu bewunder ist. Die beiden Gemeinden haben aber doch ihre Vorteile aus der ganzen Aktion gewonnen, denn nun können sie mit »einem der wertvollsten Naturschutzge-

biete Deutschlands« werben, dem Naturschautzgebiet Geigelstein.

Schleching

Folgt man dem Lauf der Tiroler Ache flußaufwärts, erreicht man das Schlechinger Tal. Der Hauptort am Fuß des Geigelstein gehört zu einem der ältesten in den Chiemgauer Bergen und wurde bereits im frühen 12. Jahrhundert urkundlich erwähnt. Die Burgen des Schlechinger Tals bewachten den Zugang des Kolbensteinpasses und damit auch die Burgherren von Marquartstein. Bereits während der Karolingerzeit im 9. Jahrhundert entstand hier die erste Kirche des Tals, auf deren Grundmauern 1735 ein Rokokobau folgte. Weit bekannter unter Kunstfreunden als die Pfarrkirche St. Remigius ist allerdings eine Kirche, die inmitten in der Schlechinger Bergwelt liegt. Dort, wo die Tiroler Ache auf ihrem Weg zum Chiemsee wieder bayerischen Boden erreicht, steht auf einem den Talboden nahezu 300 Meter überragenden Felssporn die Streichenkapelle. Über den Namen der Kapelle wie auch über die kühn positionierte Lage gibt es mehr Vermutungen als Fakten. Womöglich lag die Stelle an einem der Saumpfade, ehemals »Striche« genannt, die über Pässe und Bergrücken hinweg die Gebirgstäler miteinander verbanden. Oder hier stand bereits in vorchristlicher Zeit eine Kultstätte, an deren Platz später die Kirche erbaut wurde. Sicher ist nur, daß die Streichenkapelle erstmals um 1440 urkundlich erwähnt wurde und heute neben Urschalling die schönsten gotischen Fresken des 15. und 16. Jahrhunderts im Chiemgau besitzt.
Südlich von Schleching verengt sich das Achental, und der Fluß wird zu einem reißenden Wildwasser. Nirgendwo sonst ist die Tiroler Ache so wild und ungezähmt wie an solchen Stellen, an denen die Berge einen Riegel bilden und tiefe Schluchten entstehen lassen. Ein Eldorado für Wildwasserkanuten, aber nur für solche, die diesen Sport wirklich ernsthaft betreiben. Denn die Kraft des Wassers ist hier oft unberechenbar, und mit einer gemächlichen Flußfahrt hat dies absolut nichts zu tun.

Hoch über Ruhpolding: die Barockkirche St. Georg.
High upon Ruhpolding: the baroque church St. George.
Dominant Ruhpolding : l'église baroque St. Georg.
La chiesa barocca di S. Giorgio, alta su Ruhpolding.
ルーポルディンクを見下ろすバロック様式の聖ゲオルク教会。

Das Wössener Tal

Folgt man von Marquartstein dem Weg nach Reit im Winkl, durchquert man das Wössener Tal mit seinen Orten Ober- und Unterwössen. Wanderwege führen auf die umliegenden Berge, und eine ganze Reihe kleiner Bergseen geben der Landschaft einen romantischen Charakter. Bekannt wurde das Wössener Tal aber wegen seiner guten thermischen Bedingungen. Die vom Chiemsee kommenden Winde erwärmen sich dort und werden zu Aufwind. Der nutzt der Segelfliegerei, und so wurde in Unterwössen ein Zentrum für Segelflug- und Gleitschirmausbildung eröffnet. Die Deutsche Alpensegelflugschule hat sich eine der schönsten geografischen Lagen ausgesucht. Im Aufwind der Thermik wie ein Adler zu steigen, die Majestät der Berge zu genießen und die Freiheit der Lüfte auszukosten, ist etwas ganz Außergewöhnliches: Hier kann man den Chiemgau von einer völlig anderen Warte aus kennenlernen.

Reit im Winkl – das »Ferienparadies«

Daß das Chiemgaudorf Reit inmitten eines landschaftlich bezaubernden Gebirgswinkels vor den Kulissen des Wilden und des Zahmen Kaisers ein besonderer Flecken Erde ist, erkannte schon der Bayernkönig Max Joseph I. Bei der Landverteilung durch Napoleon im Jahr 1806, so sagt die Legende, sei Reit im Winkl einfach vergessen worden. Die Landesherren von Bayern, Salzburg und Tirol hätten daraufhin um dieses Gebiet Karten gespielt, wobei der Bayernkönig durch einen Stich mit der »Schellunter« glücklicher Sieger wurde. Die Schellunter wurde fortan zum Wahrzeichen des Orts.

Den Sprung zum »Ferienparadies mit alpenländischem Charme und herzlicher Gastfreundschaft« schaffte Reit im Winkl Jahre später, als der Nachfolger des kartenspielenden Königs, der volkstümliche Bayernkönig Max II., mit seiner illustren Aristokraten- und Poetengefolgschaft den Ort 1858 zu seinem Sommerfrische-Domizil machte.

Seit den Zeiten königlichen Glanzes, die sich in den Chroniken des Dorfs gebührend niederschlugen, hat sich viel getan. Aus dem bis ins frühe 20. Jahrhundert hauptsächlich aus Bauernhäusern bestehendem Dorf wurde mittlerweile eine Fremdenverkehrshochburg internationalen Ranges. 2800 Einwohnern stehen 5000 Gästebetten gegenüber, und die Zahl der Übernachtungen liegt inzwischen bei 900000 pro Jahr. Mit dem Fremdenverkehr ist jetzt jeder der Einwohner beschäftigt, aus den Bauernhäusern wurden vornehmlich Hotels und aus dem Dorfschwimmbad die »Hallenbad-Landschaft Schwimmstadl«.

Daß immer mehr Urlauber diesen Teil der Chiemgauer Alpen besuchen, hat aber auch einen klimatischen Hintergrund. Das Klima hat hier gegenüber anderen Orten ein paar Vorzüge, die jeder Urlauber zu schätzen weiß. Das Tal ist gegen die rauhen Nordwinde weitestgehend geschützt, und so bestimmt bei Westlagen hauptsächlich der maritime Einfluß das Wettergeschehen. Er sorgt im Sommer für höhe-

Oben: Blick auf die Chiemgauer Alpen in westlicher Richtung.
Rechts: Die Winkelmoosalm bei Reit im Winkl, das schneereichste Skidorf in den bayerischen Alpen.

Above: A view of the Chiemsee Alps looking in a westerly direction.
Right: The Winkelmoosalm near Reit im Winkel, the snow rich ski resort in the Bavarian Alps.

En haut: vue des Alpes du Chiemgau en direction de l'ouest.
A droite: la Winkelmoosalm de Reit im Winkl, village de ski le plus enneigé des Alpes bavaroises.

Sopra: Panorama delle Alpi del Chiemgau verso occidente.
A destra: Il Winkelmoosalm presso Reit im Winkl, la località sciistica più innevata delle Alpi Bavaresi.

上：キームガウ・アルプスを西に眺めたところ。

右：ライト・イム・ヴィンクルの近くのヴィンケルモース・アルムは、バイエルン・アルプスで最も雪の多いスキー村。

Marquartstein, das »Tor zu den Chiemgauer Alpen«, mit der wildrauschenden Tiroler Ache.

Marquartstein, the »door to the Chiemsee Alps«, with the abounding Tyrol Ache.

Marquartstein, la »porte des Alpes du Chiemgau«, avec la bouillonnante Tiroler Ache.

Marquartstein, la »porta sulle Alpi del Chiemgau«, col mugghiante corso del Tiroler Ache.

「キームガウ・アルプスへの入口」
と呼ばれるマーカートシュタイン ー
勢いよく流れるチロル・アッヘ川。

Seegatterl, Talstation für Ski- und Wanderunternehmungen auf der Winklmoosalm.

Seegatterl, valley station for skiing and mountain climbing, on the Winklmoosalm.

Seegatterl, station de vallée pour les randonnées à skis ou à pied sur la Winklmoosalm.

Seegatterl, stazione a valle di partenza per imprese sciistiche ed escursionistiche sul Winkelmoosalm.

ヴィンケルモース・アルムでスキーや登山を楽しむ人達の基地となるのが、麓のゼーガッタール。

re und im Winter für niedrigere Temperaturen. Die Ost-West-Lage des Tales verhindert zudem den in Bayern so berühmten Föhn. Daher rührt auch die Schneesicherheit des Wintersportorts Reit. Die Statistik spricht von durchschnittlich 143 Tagen mit geschlossener Schneedecke pro Jahr. Starke Temperaturschwankungen zwischen Tag und Nacht durch nächtliche Kaltluftbildungen führen selten zu schwülen Tagen, und so ist es also kein Wunder, daß Reit im Winkl bei solchen Bedingungen die Anforderungen an das Prädikat »Heilklimatischer Kurort« spielend erfüllte.

Weltberühmt wurde Reit im Winkl aber erst, als eine junge Bewohnerin des Dorfs mehrfache Ski-Olympiasiegerin wurde: Rosi Mittermaier, die Goldrosi genannt, stammt aus dem bekanntesten Skigebiet der ganzen Region, der Winkelmoosalm.

Ruhpolding

Auch um Ruhpolding rankt sich eine der im Chiemgau so beliebten Legenden. Ein Mann namens Rupold soll in der Frühzeit der bajuwarischen Besiedlung Gründer des zwischen den Bächen Seetraun und Urschlauer Ache gelegenen Orts gewesen sein. Und da »rud« berühmt bedeutet und »pold« als Stärke übersetzt wird, hatten sich die Mannen des Dorfes ihren Gründer zum Vorbild genommen und mit dem »rauggeln» begonnen, einer Art gebirglerischem Ringkampf, der hier regelmäßig als Wettbewerb ausgeübt wird.

Der Grund, weshalb so viele Gäste in Ruhpolding Station machen, ist allerdings nicht der Ringkampf der Einheimischen. Ruhpolding wurde von den Pionieren der Reiseveranstalter entdeckt, als 1933 die Grenze zwischen Österreich und Deutschland überraschend geschlossen wurde. Statt in Österreich wurden die frühen Urlaubsreisenden ins nahegelegene Ruhpolding einquartiert, und damit begann der Höhenflug dieser Ferienregion.

Bevor es auf diese Weise entdeckt wurde, war es ein stilles Dorf. Seine in erster Linie durch Bergbau, Landwirtschaft und Waldnutzung bestimmte Vergangenheit dokumentieren das Holzknechtmuseum und das dazugehörige Museumsdorf. Die Gefahren der Waldarbeit, die winterliche Holzfuhr, das harte Leben der Männer, die meist früh starben, wird hier einprägsam vergegenwärtigt.

Heute gehört Ruhpolding neben Reit im Winkl zu einem der am meisten frequentierten Ferienorte. In der Sommerzeit sind es die Bergwanderer, die hier die schönsten Aussichtsberge des Chiemgau ersteigen – den Rauschenberg, den Hochfelln und das Sonntagshorn. Und im Winter nehmen die Abfahrtsläufer und Skilangläufer das Dorf in Beschlag. An die Ursprünge ihres Ortsnamen »rud« und »pold« erinnerten sich die Gemeindeverantwortlichen wohl auch, als sie das Biathlon-Leistungszentrum 1976 gründeten. Es ist heute Trainingsort zahlreicher Biathlon-Europa- und Weltmeister.

Inzell

Im einfallsreich ausgetragenen Ringen um die Urlaubergunst des Chiemgau-Triumvirats Reit im Winkl, Ruhpolding und Inzell

Blick zu den Berchtesgadener und den benachbarten österreichischen Alpen.

A view of the Berchtesgadener and the neighboring Austrian Alps.

Vue des Alpes de la région de Berchtesgaden et de l'Autriche voisine.

Panorama sulle Alpi di Berchtesgaden e sulle vicine Alpi austriache.

ベルヒテスガーデン・アルプスとそれに連なるオーストリア・アルプスの眺め。

kann sich letzterer Ort als derjenige mit einer der schnellsten 400-Meter-Eischnellaufbahnen der Welt profilieren, auf der immerhin 83 Weltrekorde aufgestellt wurden. Mittels schlanker Stahlkufen Höchstgeschwindigkeiten zu erreichen, hatte in dem von waldreichen Hügeln umgebenen Erholungsort an der Deutschen Alpenstraße aber schon Tradition, bevor das Stadion gebaut wurde. Schon 1930 galt der nur wenige Kilometer entfernt liegende Frillensee als Eldorado für die seinerzeit noch spärlich gesäten Eisschnelläufer. Nachdem man entdeckt hatte, daß der See jedes Jahr nach den ersten Frösten im Herbst zuzufrieren begann, und er bereits im November eine geschlossene Eisdecke von acht bis zehn Zentimetern aufzuweisen hatte, entstand 1959 das erste Trainings- und Wettkampfzentrum des Deutschen Eissportverbandes. Fünf Monate im Jahr konnte hier der Eissport betrieben werden. In den sechziger Jahren fanden am Frillensee zahlreiche Deutsche und Bayerische Meisterschaften statt, bis wegen der harten winterlichen Bedingungen und den damit verbundenen heftigen Schneefällen der Aufwand, den See für den Eisschnellauf zu präparieren, zu groß wurde. Als geeigneter Ersatz für den Frillensee bot sich zur Anlage eines Natureisbahnstadions ein Gelände am Zwingersee an. 1963 entstand die 400-Meter-Bahn mit Eishockeyfeld und überdachten Tribünen, die dann zwei Jahre später auf Kunsteis umgestellt wurde und zum Bundesleistungszentrum aufstieg. Ab Oktober kommen Eisschnelläufer vieler Nationen, um hier ihre Trainingsprogramme zu absolvieren. Die Nähe von Reichenhall und Salzburg bestimmte die Geschichte des Inzeller Tals. Bereits im 10. Jahrhundert war es von den Erzbischöfen Salzburgs zum Jagdrevier auserkoren worden. Über Jahrhunderte blieb es in Händen der Klosterhofmark St. Zeno.

Dort, wo heute der Gletschergarten ist, in dem die Zusammenhänge der Eiszeit und die Gletscherbewegungen dokumentiert sind, verlief früher die Soleleitung, die von Reichenhall nach Traunstein führte. 1617 angelegt, erkennt man noch heute vielfach Reste dieses alten Leitungssystems.

Inzell liegt am Ende der Chiemgauer Alpen, denn im Osten gehören nur noch Hochstaufen und Zwiesel dazu. Vom Süden blickt die mächtige Reiteralpe ins Tal und zeigt die Grenze zum benachbarten Österreich.

Folgende Seite:
Weitblick von West nach Ost über die Chiemgauer Alpen mit Unterwössen, Oberwössen und Reit im Winkl.

Following page:
A long view west to east of the Chiemgau Alps including Unterwössen, Oberwössen and Reit im Winkl.

Page suivante :
Panorama d'ouest en est des Alpes du Chiemgau avec Unterwössen, Oberwössen et Reit im Winkl.

Pagina seguente:
Panoramica da ovest a est sulle Alpi del Chiemgau, con Unterwössen, Oberwössen e Reit im Winkl.

前の頁：
キームガウ・アルプスを西から東へ望む。ウンターヴェッセン、オーバーヴェッセン、ライト・イム・ヴィンクルが見える。

Oben: Die verschneite Kampenwand. Rechts: Die Prien, die oberhalb von Sachrang entspringt, gab dem engen Tal zwischen Frasdorf und Sachrang seinen Namen.

Above: The snow-covered Kampenwand. Right: The Prien, which has its source above Sachrang, gave the narrow valley between Frasdorf and Sachrang its name.

En haut: le Kampenwand enneigé. A droite : la Prien qui jaillit au-dessus de Sachrang a donné son nom à l'étroite vallée située entre Frasdorf et Sachrang.

Sopra: Il Kampenwand innevato. A destra: il Prien, che nasce sopra Sachrang, ha dato il suo nome alla stretta valle tra Frasdorf e Sachrang.

上：雪化粧したカムペン山。

右：フラスドルフとザッハランクの間の渓谷は、ザッハランクの上に沸く水を源とする プリーン川にその名を因んでいる。

Die Zentren des Chiemgau

Fällt das Wort Chiemgau, denkt man zuerst einmal an den See, der der ganzen Region seinen Namen verlieh. Weißblitzende Segelboote stellt man sich vor, grüne Auen und eine prächtige Berglandschaft. Zwar ist der Chiemgau für die meisten der Besucher in erster Linie eine üppiggrüne, oder – je nach Jahreszeit – tiefverschneite ländliche Urlaubsregion, aber man darf nicht vergessen, daß die drei benachbarten Städte einen wesentlichen Anteil an der Entwicklung dieses Gebietes hatten. Wasserburg, Rosenheim und Traunstein haben ihre Entstehung dem Straßensystem der Römer und ihren Wohlstand der Lage an der Salzstraße von Reichenhall nach München zu verdanken.

Eine Inn-typische Architektur konnte sich hier entwickeln, und besonders Wasserburg ist ein eindrucksvolles Beispiel einer original erhaltenen, mittelalterlichen Stadtanlage.

Höhepunkte frühbarocker Baukunst stellen die Klöster Rott am Inn, Attel, Altenhohenau und Baumburg dar, an denen die berühmtesten Baukünstler ihrer Zeit arbeiteten. Auch die Scaligerburg Amerang, südlich von Wasserburg gelegen, gehört mit ihrem berühmten Arkadenhof zu den kulturhistorischen Besonderheiten der Region. Es ist eigentlich wirklich zu schade, nur auf der Autobahn München-Salzburg den schnellsten Weg in die Ferienziele des Südens zu nehmen. Ein Umweg zu den Klöstern beispielsweise kann nämlich auch ein Weg in die Geschichte des Chiemgau sein.

Malerisch vom Inn umschlossen: Wasserburg, die mittelalterliche Stadt, die einst wichtigster Innübergang war und Schifffahrtsverbindungen bis in den Balkan besaß (auch folgende Seite).

Gracefully surrounded by the river Inn: Wasserburg, the town out of the middle-ages was once an important Inn crossing point and had navigational connections to the Balkans (the following page too).

Entourée avec charme par l'Inn : la cité médiévale de Wasserburg qui était autrefois le passage de l'Inn le plus important et possédait des correspondances en bateau jusque dans les Balkans (page suivante également).

Pittorescamente racchiusa dall'Inn: ecco Wasserburg, la città medievale che un tempo costituiva uno dei più importanti punti di attraversamento dell'Inn e che vantava rotte di collegamento persino con i Balcani (anche pagina seguente).

イン川に縁取られた美しい中世の街、ヴァッサーブルク。
この街はかつてはイン川の 渡し場として栄え、
はるかバルカン半島に向かう船がここから出ていた（次頁も）。

Feldkirche unweit von Wildenwart.
Feldkirche not far from Wildenwart.
Feldkirche, non loin de Wildenwart.
Feldkirche nei pressi di Wildenwart.
ヴィルデンヴァルトから程近いところにある素朴な教会。

Wasserburg – vom Inn umschlossen

Der Blick aus der Vogelperspektive zeigt es ganz genau: Wasserburg ist vom Inn so umschlossen, daß das »Verbindungsstück zum Festland« nur ganz schmal ist. Im späten Mittelalter haben die Salzzüge, die von Reichenhall nach Augsburg führten, Wasserburg reich gemacht, die Innschiffahrt tat ein übriges. Kaiser Ludwig der Bayer stattete im 14. Jahrhundert den Innort mit dem ausschließlichen Recht der Salzniederlage aus und verlieh ihm 1334 auch das Stadtrecht.

Für München war Wasserburg im späten Mittelalter sozusagen der Handels- und Kriegshafen. Das schuf Bedeutung und Wohlstand, und so ist es nicht verwunderlich, daß die Stadt sich mit prächtigen Kirchen, Bürgerhäusern, Renaissancebauten und einem stattlichen Rathaus schmücken konnte. Aus der Luft oder vom gegenüberliegenden Innufer aus betrachtet, vermittelt die Stadt mit Brücke und Brucktor noch immer einen wehrhaft spätmittelalterlichen Charakter. Da der Inn der Stadt zu natürlichen Grenzen verhalf, blieb Wasserburg das erspart, was den meisten mittelalterlichen Orten wiederfuhr: der fließende Übergang in die Neuzeit, das Anwachsen der Stadt durch Neubauten und Industrieviertel. Bis heute hat sich kein bedeutender Industriezweig hier breitgemacht, und so wurde Wasserburg eher ein Treffpunkt der Künstler als der Kaufleute und Industriellen.

Aus der Blütezeit des 16. Jahrhundert stammen die meisten der schönen Bürgerhäuser, die den Inn-Salzach-Baustil verkörpern, mit waagerechtem Giebel und dem Grabendach dahinter, eine Architektur, die per Dekret vom damaligen Kaiser Maximilian I. bestimmt wurde. Der Grund für diesen Erlaß waren die Brände, die in den Städten des Mittelalters immer wieder zu fürchterlichen Zerstörungen führten. Als Klagenfurt 1518 von einem solchen völlig vernichtet wurde, verfügte Maximilian, daß ab jetzt in allen Innorten zwischen Passau und Innsbruck sowie an der Salzach zwischen Burghausen und Hallein so gebaut werden sollte, daß die Giebel zu Straße und Platz und die Traufseiten zur Nachbarseite ausgerichtet werden sollten. Es bildeten sich Grabendächer heraus, die »verbogenen Dächer«, über die das feuerhemmende Wasser abfloß. Die hochgezogenen Vorschußmauern, die mit ihren Treppen die Feuerbekämpfung vereinfachen sollten und für eine stattliche Wirkung der Fassaden sorgten, entstanden auch auf Grund dieses Dekrets.

Hinzu kamen sicherlich noch architektonische Anregungen aus den oberitalienischen Städten, mit denen ein reger Handelsaustausch stattfand. Die klaren Linien der Häuser, ihre Verbindung mit Arkadengängen und die geräumigen Plätze bewirken eine südliche, fast italienische Atmosphäre.

Rosenheim

Wie so häufig im Chiemgau, liegt auch Rosenheims Ursprung bei den Römern, die hier an der Innbrücke bei der Militärstation »Pons Aeni« eine Siedlung bauten. Diese Straßen- und Zollstation gehörte zu der Nord-Süd- und Ost-West-Achse des

Traunstein, einst an der Römerstraße zwischen Augsburg und Salzburg gelegen, ist der wirtschaftliche Mittelpunkt des Chiemgau.

Traunstein, once located on the roman road between Augsburg and Salzburg, is the economic center of Chiemgau.

La ville de Traunstein, située autrefois sur la voie romaine entre Augsbourg et Salzbourg, est le centre économique du Chiemgau.

Traunstein, una volta situata sulla strada romana tra Augusta e Salisburgo, rappresenta il baricentro economico del Chiemgau.

アウグスブルクとザルツブルクを結ぶかつてのローマ街道に位置するトラウンシュタインは、キームガウの経済中心地である。

römischen Straßensystems. Im 13. Jahrhundert erbauten die Hallgrafen von Wasserburg, deren Wappen eine weiße Rose ziert, hier eine Burg. Dies war gleichzeitig die Ortsgründung, so entstanden Name und Wappen der Stadt Rosenheim. Einen ersten wirtschaftlichen Höhepunkt erlebte Rosenheim, als der Stadt das Ausschüttrecht gewährt wurde. Dies bedeutete, daß das auf dem Inn transportierte Getreide in Rosenheim umgeschlagen werden mußte. Das Recht der Salzniederlage und des Salztransportes, 1504 erteilt, tat ein übriges und stärkte Rosenheim gegenüber dem Rivalen Wasserburg, der bis zu diesem Zeitpunkt als einziger dieses Recht innehatte.

1810 erhielt Rosenheim eine Saline. Die Sole wurde durch die wahrscheinlich erste lange Pipeline der Welt aus Reichenhall hergeleitet, denn hier gab es die für die Versiedung der Sole notwendigen Brennstoffe wie Holz und Torf. Später führte die Eröffnung großer Eisenbahnlinien die Tradition des »Verkehrsknotenpunktes« Rosenheim fort, und heute ist die Stadt wirtschaftliches und kulturelles Zentrum Südostbayerns.

In der Mitte der weitläufigen Stadt finden sich noch historische Häuser des Inn-Salzach-Stils, die die großen Brände von 1542 und 1641 überstanden haben, und der Max-Joseph-Platz mit seinen schön renovierten Ensembles gilt als einer der schönsten Plätze ganz Bayerns.

Rott am Inn

Zwischen Wasserburg und Rosenheim hoch über dem linken Innufer liegt Rott am Inn, ein Pilgerort vieler Kulturinteressierter. Die ehemalige Benediktinerabteikirche Sankt Marianus und Anianus gehört zu den großen Architekturen des Rokoko, insbesondere aufgrund der Zusammenarbeit von drei der bedeutendsten Künstler dieser Zeitepoche. 1757 erhielt der Münchner Baumeister Johann Michael Fischer, der zuvor schon den Bau der Kirchen von Dießen, Zwiefalten und Ottobeuren geleitet hatte, den Auftrag, das Kloster von Rott zu erstellen. Es wurde sein letzter großer Bau. Mit Matthäus Günther als Freskenmaler, Jakob Rauch als Stukkateur und Ignaz Günther als Bildhauer standen ihm die besten Künstler zur Seite, die diese Zeit des bayerischen Rokoko zu bieten hatte. In nur vier Jahren wurde der stattliche Kirchenbau erstellt. Die Abteiflügel wurden nicht zu Ende gebaut, und nach der Säkularisation blieb nur der westliche Teil des Klostergebäudes erhalten.

Weiter innabwärts befindet sich noch ein anderes Beispiel spätbarocker Baukunst: Kloster Attel. Auch wenn dieses Kloster mit dem Bildhauer des Altares, Ignaz Günther, nur einen berühmten Künstlernamen aufweisen kann, so ist die Kirche doch mit ihrer Weite und Helligkeit und vor allem ihren herausragenden Stuckarbeiten ein sehenswertes Ziel.

Altenhohenau

Im Gegensatz zu Attel und Rott, die beide hoch über dem Inn gelegen sind, verbirgt sich Kloster Hohenaltenau im Tal. Das Dominikanerinnenkloster verdankt seine Gründung 1235 einem nicht eingelösten

Rosenheim verdankt seinen Ursprung der Kreuzung zweier Römerstraßen, die Augsburg mit Salzburg und Regensburg mit Innsbruck verbanden. Im Zentrum steht das Wahrzeichen der Stadt, die Nikolauskirche.

Rosenheim owes its origin to the crossroads of two Roman roads, which connected Augsburg with Salzburg and Regensburg with Rott am Inn. In the center of town stands the pride of the town, the Nicholas Church.

Rosenheim doit son origine au croisement de deux voies romaines qui reliaient Augsbourg à Salzbourg et Ratisbonne à Innsbruck. Au centre se trouve l'emblème de la ville: la Nikolauskirche.

Rosenheim deve la sua origine all'incrocio tra due strade romane che collegavano Augusta con Salisburgo e Regensburg con Innsbruck. Nel centro si trova la chiesa di S. Nicola, emblema della città.

ローゼンハイムは、アウグスブルクとザルツブルク間、レーゲンスブルクとインスブルック間を結ぶ二つのローマ街道の交差する交通の要地に築かれた町である。中心には、町の目印となっているニコラウス教会が建つ。

Das Benediktinerkloster von Rott am Inn,
ein Prachtstück spätbarocker Architektur.

The Benedictine Monastery in Rott am Inn,
a splendid piece of late baroque architecture.

Le monastère bénédictin de Rott am Inn, joyau
de l'architecture de la fin de l'ère baroque.

Il convento benedettino di Rott am Inn, gioiello
dell'architettura rococò.

ロット・アム・インにあるベネディクト会修道院は、
後期バロック様式の壮麗な建物で ある。

Beherrschend und doch versteckt: das ehemalige
Augustinerkloster Baumburg auf seinem Hügel über der Alz.

Dominant and still hidden: the former Augustine
Monastery Baumberg on its hill atop the Alz.

Prépondérant et pourtant caché: l'ancien monastère
bénédictin Baumburg sur sa colline dominant l'Aiz.

Dominante eppure nascosto: l'ex convento agostiniano
di Baumburg sulla sua collina sull'Alz.

周囲を見下ろす位置に聳えながら、下界からは隠されている旧アウグスティヌス会バウムブルク修道院。アルツを見下ろす丘陵に位置する。

Hoch über dem Inn liegt das frühere Benediktinerkloster Attel, das seinen Ursprung im 12. Jahrhundert hat.

High above the Inn lies the former Benedictine Monastery Attel, which was founded in the 12th century.

Datant du 12ème siècle, l'ancien monastère bénédictin Attel domine l'Inn.

In posizione elevata sull'Inn si erge l'ex convento benedettino di Attel, con origini nel 12° secolo.

旧ベネディクト会アッテル修道院は、
イン川を望む高台に 12 世紀に建てられた。

Herbstliche Waldidylle bei Wildenwart.
Rechts: Im Schnellzug durch den Chiemgau – die Bahnverbindung München – Salzburg.

Autumn landscape near Wildenwart.
Right: In the express train through Chiemgau – the train connection Munich – Salzburg.

Idylle automnale dans la forêt de Wildenwart.
A droite : dans le train rapide traversant le Chiemgau: la correspondance Munich - Salzbourg.

Idillio autunnale nei boschi presso Wildenwart.
A destra: Col rapido attraverso il Chiemgau – il collegamento ferroviario Monaco – Salisburgo.

秋の趣が深いヴィルデンヴァルトの森。

右：キームガウを疾走する急行列車ミュンヘン〜ザルツブルク線。

Traunstein verdankt seinen Namen der Traun, an deren linkem Ufer der älteste Teil der Stadt liegt.

Traunstein owes its name to the Traun, which lies on the left bank of the oldest part of town.

Traunstein doit son nom à la Traun dont la rive gauche abrite la partie la plus ancienne de la ville.

Traunstein deve il suo nome al Traun, sulla cui sponda sinistra si trova la parte più antica della città

トラウンシュタインの名は、町の一角を流れるトラウン川に因んでいる。トラウン川の 左手が町の最古の集落にあたる。

Gelöbnis eines Grafen zur Teilnahme an einem Kreuzzug. Um nicht gänzlich in Ungnade zu verfallen, gründete er stattdessen ein Frauenkloster am rechten Innufer. Idyllisch inmitten der Innauen gelegen, ist es nach wechselhaften Zeiten im Laufe der Jahrhunderte und nach zahlreichen Gebäudeabbrüchen während der Säkularisation heute wieder ein Refugium der Dominikanerinnen.

Im Gegensatz zu den Benediktinern verstanden sich die Dominikaner als Bettelorden, und demnach sind auch die Gebäude weitaus bescheidener gebaut. Trotzdem wurden für die Ausgestaltung der Klosterkirche in der Barockzeit hochrangige Künstler engagiert: für das Deckenfresko der renommierte Matthäus Günther und für den Altar Ignaz Günther.

Schloß Amerang

Zwischen Wasserburg und dem Chiemsee liegt Schloß Amerang. 1072 erstmals urkundlich erwähnt, wurde die Burg zwischen 1497 und 1600 von den aus Verona geflüchteten Scaligern bewohnt, die ihr Herrschaftsgebiet an die Visconti verloren hatten und bei ihren Verwandten in Bayern Zuflucht fanden. Ihrem Einfluß auf die Architektur ist das heutige Aussehen des Schlosses zu verdanken, denn aus dieser Zeit stammt der trapezförmige Schloßhof mit seinen südländisch anmutenden Renaissancearkaden. Der heutige Besitzer des Schlosses, Krafft Freiherr von Crailsheim, veranstaltet seit 30 Jahren in dem eindrucksvollen Ambiente sommerliche Schloßkonzerte und Theateraufführungen, die Schloß Amerang weit über die Grenzen hinaus bekannt machten.

Kloster Baumburg

Im östlichen Teil des Chiemgaus, unweit der Orte Trostberg und Altenburg, befindet sich ein weiteres Beispiel klerikalen Kulturgutes: das Augustinerchorherrenstift Baumburg. Versteckt hinter dichten Baumkronen liegt das ehemalige Kloster hoch auf einem Hügel über der Alz. Die Straße führt unterhalb des Steilhanges, auf dem das Kloster thront, vorbei, und nur von dort aus hat man einen Blick auf die prachtvoll bemalte Ostfassade. Aus der Romanik stammen die beiden Kirchtürme, die dann aber in der Barockzeit mit schwarzen Zwiebelhauben versehen wurden. Der Bau der ehemaligen Klosterkirche dagegen stammt wiederum aus der Rokokozeit und wurde anläßlich einer 600-Jahrfeier der Stiftskirche 1755 errichtet. Von den Klosteranlagen, die weitestgehend der Säkularisation 1803 zum Opfer fielen, sind nur mehr Fragmente erhalten.

Die vierflügelige Klosterökonomie gibt dennoch einen guten Eindruck von der für ihre Zeit stattlichen Anlage, und das Sommerschlösschen des Probstes ist ebenso noch erhalten.

Traunstein

Traunstein ist die »Stadt vor den Bergen« und als Große Kreisstadt die Verwaltungshauptstadt des Chiemgaus. Auch sie verdankt ihre Entstehung der schon so oft erwähnten Römerstraße und wurde zu beiden Seiten der Traun, über die hier eine Brücke führte, erbaut.

1311 wurde Traunstein als erster Ort des Chiemgaus zur Stadt erhoben und kam zu Wohlstand aufgrund des regen Salzhandels. Die »Güldene Salzstraße« führte von Reichenhall nach München, und Traunstein wurde zum Umschlagplatz für die wertvolle Ware. Verheerende Brände suchten die Stadt immer wieder heim, der letzte 1851, so daß aus den Jahren der architektonischen und kulturellen Blütezeit nicht mehr viel übrig blieb.

Der mächtige Wandpfeilerbau der Stadtpfarrkirche St. Oswald gehört zu den wenigen historischen Gebäuden, die die Brände – wenn auch mit zahlreichen Schäden – überstanden hat. Bereits kurz nach seiner Fertigstellung 1704 zerstörte das Feuer das Langhaus, das aber bis 1707 wieder hergestellt war. Und nach der zweiten Feuersbrunst dauerten die Reparaturarbeiten bis ins Jahr 1909. Dennoch gilt St. Oswald heute als ein bedeutende Schöpfung frühbarocker Kirchenbaukunst.

Eine ganz andere Bedeutung gab Traunstein die Tradition des Bierbrauens. Schon Anfang des 17. Jahrhunderts existierten 20 Gasthöfe in dem Markt, die an die Besucher Bier, Wein, Branntwein und Met ausschenkten. Ludwig Thoma beschreibt in seinen »Erinnerungen« auf anschauliche Weise das alte Traunstein : »Am Hauptplatz stand ein Wirtshaus neben dem anderen, Brauerei neben Brauerei, und wenn man von der Weinleite herabsah, wie es aus mächtigen Schloten qualmte, wußte man, daß bloß Bier gesotten wurde. Durch die Gassen zog vielversprechend der Geruch von gedörrtem Malz...«

In den Jahren 1611–1619 wurde eine Soleleitung von Reichenhall nach Traunstein gelegt und ein großes Sudwerk in der Au unterhalb des Stadtberges errichtet. 215000 Zentner Koch-, Vieh- und Dungsalz wurden in jener Zeit jährlich produziert, und im ehemaligen Klostergarten der Kapuziner entstand ein Solebad.

Nächste Seite:
Blick auf die abwechslungsreiche Chiemgaulandschaft zwischen Frasdorf und Prien.

Next page:
A view of the ever changing Chiemgau landscape between Frasdorf and Prien.

Page suivante:
Vue du paysage varié du Chiemgau entre Frasdorf et Prien.

Pagina seguente:
Panorama del variato paesaggio del Chiemgau tra Frasdorf e Prien.

次頁：
フラスドルフとプリーンの間のキームガウ景観。変化に富んだ風景。

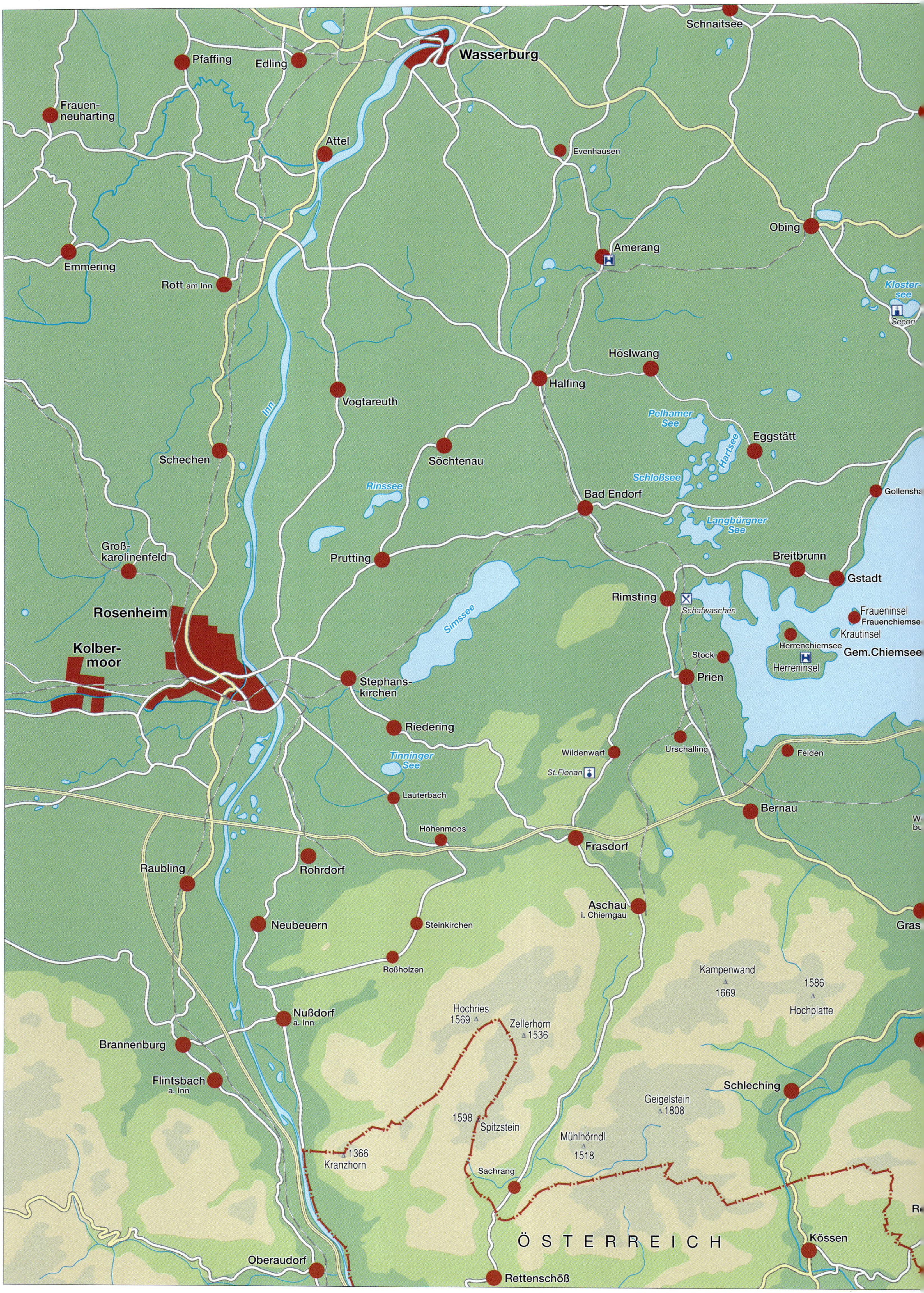

Schnaitsee
Wasserburg
Pfaffing
Edling
Frauen-
neuharting
Attel
Evenhausen
Obing
Amerang
Emmering
Rott am Inn
Kloster-
see
Seeon
Höslwang
Halfing
Vogtareuth
Inn
Pelhamer
See
Eggstätt
Hartsee
Söchtenau
Schechen
Schloßsee
Rinssee
Bad Endorf
Gollensha
Langbürgner
See
Groß-
karolinenfeld
Prutting
Breitbrunn
Gstadt
Rimsting
Schafwaschen
Simssee
Fraueninsel
Frauenchiemse
Rosenheim
Krautinsel
Herrenchiemsee
Kolber-
moor
Stock
Herreninsel
Gem.Chiemsee
Stephans-
kirchen
Prien
Riedering
Urschalling
Wildenwart
Felden
Tinninger
See
St.Florian
Lauterbach
Bernau
Höhenmoos
Frasdorf
Rohrdorf
Raubling
Aschau
i. Chiemgau
Gras
Neubeuern
Steinkirchen
Roßholzen
Kampenwand
1669
1586
Hochplatte
Nußdorf
a. Inn
Hochries
1569
Zellerhorn
1536
Brannenburg
Flintsbach
a. Inn
Schleching
Geigelstein
1808
1598
Spitzstein
Mühlhörndl
1518
1366
Kranzhorn
Sachrang
ÖSTERREICH
Kössen
Oberaudorf
Rettenschöß

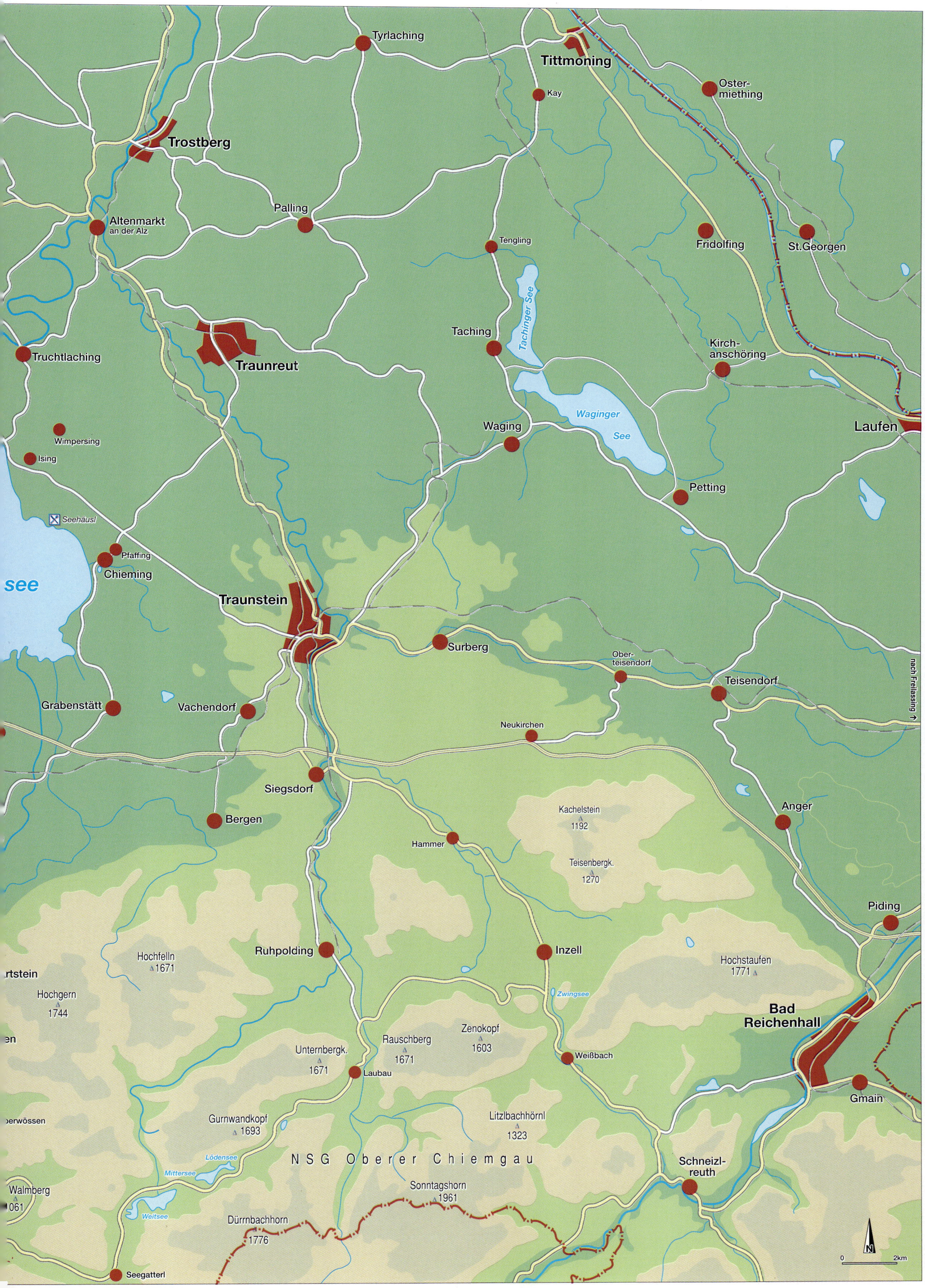

Tyrlaching
Tittmoning
Kay
Oster-
miething
Trostberg
Palling
Altenmarkt
an der Alz
Tengling
Fridolfing
St.Georgen
Tachinger See
Taching
Truchtlaching
Traunreut
Kirch-
anschöring
Waginger
See
Laufen
Waging
Wimpersing
Ising
Petting
Seehäusl
Pfaffing
Chieming
see
Traunstein
Surberg
Ober-
teisendorf
Teisendorf
nach Freilassing
Grabenstätt
Vachendorf
Neukirchen
Siegsdorf
Bergen
Kachelstein
1192
Anger
Hammer
Teisenbergk.
1270
Piding
Hochfelln
1671
Ruhpolding
Inzell
Hochstaufen
1771
rtstein
Hochgern
1744
Zwingsee
Bad
Reichenhall
en
Zenokopf
1603
Rauschberg
1671
Unternbergk.
1671
Laubau
Weißbach
Gmain
erwössen
Gurnwandkopf
1693
Litzlbachhörnl
1323
Lödensee
NSG Oberer Chiemgau
Schneizl-
reuth
Mittersee
Sonntagshorn
1961
Walmberg
061
Weitsee
Dürrnbachhorn
1776
Seegatterl
N
0
2km

Register

Fettgedruckte Ziffern verweisen auf Abbildungen.